ECHT NIX
FÜR
JUNGS

Mein außerordentlich
fabelhaftes Buch über

PFERDE
UND REITEN

NUR
FÜR ECHTE
PFERDE-
FANS

KOSMOS

Für Capucine und Marie

Impressum

Aus dem Französischen übersetzt von Nina Schindler.
Titel der Originalausgabe: „Le Girls' Book de la Cavalière"
erschienen bei Éditions Larousse unter 978-2-03-586842-8
Frankreich, © Éditions Larousse 2011

Umschlaggestaltung von Walter Typografie und Grafik GmbH, Würzburg
unter Verwendung von Fotos sowie Illustrationen siehe S.96 oben.

Unser gesamtes lieferbares Programm und viele
weitere Informationen zu unseren Büchern,
Spielen, Experimentierkästen, DVDs, Autoren und
Aktivitäten findest du unter **kosmos.de**

FSC
www.fsc.org
MIX
Papier aus verantwor-
tungsvollen Quellen
FSC® C020056

Für die deutschsprachige Ausgabe:
© 2012, Franckh-Kosmos Verlags-GmbH & Co. KG, Stuttgart.
Alle Rechte vorbehalten
ISBN 978-3-440-13380-4
Redaktion: Gudrun Braun, Hamburg
Produktion: Verena Schmynec
Printed in China / Imprimé en Chine

Mein außerordentlich
fabelhaftes Buch über

PFERDE
und REITEN

Text:
Sophie de Mullenheim
Übersetzung: Nina Schindler
Illustrationen:
Linda-Laure Greff
und Cécile Miller

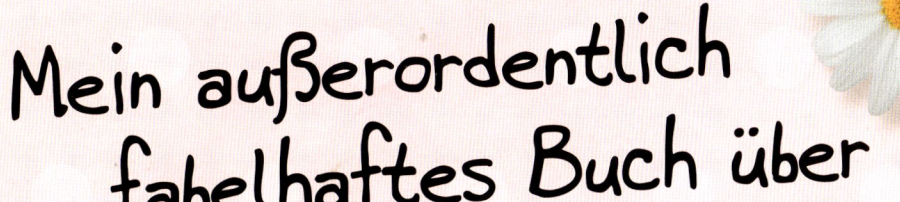

KOSMOS

Inhalt

Das sind wir!

Hallo! Ich heiße Emma. Ich bin zwölf Jahre alt und reite schon seit meiner Kindergartenzeit. Pferde sind nämlich meine große Leidenschaft! Ich denke pferdisch, ich träume pferdisch, ich lebe pferdisch ... Pferde find ich einfach toll!

Das ist Bisou. Er ist ein Reitpony, ein Fuchs mit heller Mähne. Bisou ist acht Jahre alt. Seit zwei Jahren reite ich ihn in meinem Reitverein. Er ist sanft und freundlich – einfach süß. Das wirst du schnell merken. Bisou heißt auf Französisch Küsschen ... er ist ein Schatz!

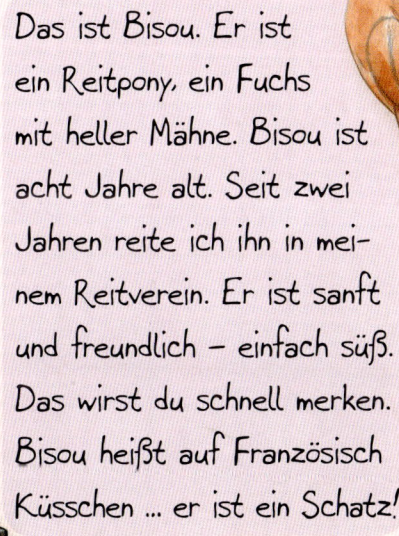

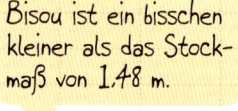
Eine große Familie

Als ich noch klein war, dachte ich immer, die Ponys wären die Kinder der großen Pferde! Aber schließlich kann sich jeder mal irren ...

Bisou ist ein bisschen kleiner als das Stockmaß von 1,48 m.

1,48 m

Was ist das Stockmaß?

Wenn ein Pferd kleiner als das Stockmaß von 1,48 m ist, gilt es als Pony. Schummeln verboten! Man misst mit einem Zollstock am höchsten Punkt des Widerrists und ohne Hufeisen, so wie du ohne Schuhe gemessen wirst.

Vollblut

Mein kleines Pferdelexikon:

Wallach, Zuchthengst, Vollblut, Kaltblut ...
Zu Anfang habe ich gar nichts kapiert.
Hier ein paar Erklärungen dazu:

Warmblut

Fohlen

♘ **Wildpferd:** frei in der Herde lebendes Pferd
♘ **Wallach:** ein kastrierter Hengst
♘ **Zuchthengst:** ein Hengst, der Fohlen zeugt
♘ **Fohlen:** Pferdekind bis etwa zwei Jahre alt
♘ **Jungpferd:** noch nicht eingeritten
♘ **Zuchtstute:** eine Stute, die Fohlen bekommt
♘ **Vollblut:** Galopprennpferd oder Araber
♘ **Warmblut:** großes Pferd, das vor allem im Reitsport eingesetzt wird
♘ **Kaltblut:** ein kräftiges Pferd, das Wagen oder Ackergeräte zieht

Verwandte

Pferde, Esel und Zebras gehören zur Familie der Einhufer. Wie alle Säugetiere haben sie eigentlich fünf Finger und Zehen, aber vier davon haben sich zurückgebildet. Zu jeder Art gehören verschiedene Rassen. Kommst du noch mit?

Pferde gehen auf dem Mittelfinger!

Die Familie der Einhufer

Pferd

Esel

Zebra

Zu den Kaltblütern gehören viele Rassen, die heute selten geworden sind!

Im Uhrzeigersinn, rechts oben beginnend: Belgier, Shire-Horse, Percheron, Ardenner Pferd, Postier Breton, Großer Bretone, Clydesdale, Boulonnais

Kaltblut

Welche Rasse passt zu mir?

Es gibt etwa 300 verschiedene Pferde- und Ponyrassen. Bisou ist ein Französisches Reitpony. Er ist ein sehr gutes Springpferd, freundlich und fleißig. Das kleine Shetland-Pony kann ein richtiger Dickkopf sein. Das Quarter Horse stammt aus Nordamerika und kann auf kurzer Strecke sehr schnell galoppieren. Der reinrassige Araber ist der König der Rennbahn und ausdauernd auf langen Stecken.

Endlich Reitunterricht!

Ich zähle die Stunden, bis ich Bisou wiedersehe ... Ich glaube, er freut sich auch auf mich.

Entspann dich!

Falls du dich krank fühlst oder sogar Fieber hast, solltest du lieber nicht aufs Pferd steigen. Und wenn du genervt, aufgeregt oder erschöpft bist, merkt dein Pferd das. Entspann dich und atme tief durch.

Falls du Angst vor einem neuen Pferd hast, nimm einen Begleiter mit, der das Pferd gut kennt.

Küsschen, Küsschen!

Ganz gleich, ob von der Weide oder aus dem Stall, hol dein Pferd selbst. Nutze die ersten Augenblicke, um mit ihm zu sprechen, es zu streicheln und zu beruhigen. Wenn ihr bereits ein gutes Team seid, wird es gern zu dir kommen. Für das erste Kennenlernen nimm dir ruhig Zeit. Als ich Bisou anfangs aus der Box geholt habe, bekam er immer ein Leckerli (oder eine Möhre). Nachdem er sich an mich gewöhnt hat, gebe ich ihm die Möhre als Dankeschön erst am Ende der Reitstunde.

Reiten ist ein besonderer Sport und mit nichts zu vergleichen! Du brauchst Geduld und Übung, bis du dich sicher und locker wie ein Weltmeister im Sattel fühlst.

Mein Tipp für dich!

Kommst du mit?

Bravo! Dein Pferd ist zu dir gekommen, aber wie kommt es jetzt mit? Die Lösung heißt Stallhalfter. Daran hängt auch der lange Führstrick, an dem du das Pferd führen und festbinden kannst.

Genickstück

Backenstück

Nasenriemen

Kehlriemen

Führstrick

Das Stallhalfter sitzt richtig, wenn du zwei Finger unter den Nasenriemen und eine Handbreite unter den Kehlriemen schieben kannst.

1 Lege zuerst den Führstrick über den Pferdehals. Dein Pferd senkt auf leichten Druck mit der Hand hin den Kopf. Jetzt kannst du den Nasenriemen über die Pferdenase schieben.

Mit der rechten Hand ziehst du das Genickstück über den Hals.

2

3

Jetzt musst du nur noch die Schnalle festmachen.

Versuch es mit Gelassenheit!

Pferde mögen keine plötzlichen Bewegungen und kein Geschrei. Nähere dich in aufrechter Haltung, sprich dein Pony an und leg ihm eine Hand leicht auf das Fell, damit es deine Gegenwart spürt. Wenn du hinter das Pferd gehen musst, halte genug Abstand zur Hinterhand.

Wie alles anfing...

Als ich heute Morgen in meinem Reitverein ankam, hätte ich mir nicht vorstellen können, dass eine einzige Minute mein Leben total verändern würde ...

„Hallo, Matthias!" Matthias ist einer der Reitlehrer im Verein. Na ja, eigentlich ist er der einzige Reitlehrer. Hier gibt es nämlich fast nur Mädchen: Cora, Lea, Alice und Amelie, die Reitlehrerinnen und Stefanie, die Chefin. Sie hat den Job von ihrem Vater übernommen, als der beschlossen hat, in Pension zu gehen und in der Camargue Pferde zu züchten.

Beneidenswert!

Abgesehen von den anderen Reitern ist Matthias also der einzige Mann. Ich glaube, alle sind ein bisschen in ihn verknallt.

„Hallo, Emma!" Matthias stellte seine Schubkarre mit dem Heu ab und grinste mich breit an.

„Ich habe eine Überraschung für dich!", sagte er und tat ganz geheimnisvoll. „Kann Violetta wieder springen?", fragte ich hoffnungsvoll.

Violetta ist die Stute, auf der ich bis vor Kurzem geritten bin. Sie hat sich verletzt und kann seit einigen Wochen nicht mehr springen. Ich springe wahnsinnig gern und vermisse die Springstunden. Matthias grinste jetzt nicht mehr.

„Nein", erwiderte er. „Aber ich bin mir ganz sicher, dass sie dir gefallen wird."

Wovon sprach er? Wir betraten den großen Stall. Seltsam, keiner da. Normalerweise war um diese Zeit viel los.

Wo waren denn die anderen?

„Hallo, meine Hübsche", sagte ich zu Violetta. Die kleine graue Stute schaute mich mit ihren großen, glänzenden Augen an. Sie sah aus, als hätte sie mich erwartet.

„Du weißt doch bestimmt, was hier abläuft?", fragte ich sie und streichelte über ihre Nase. Ein Zittern lief über ihren Hals. Ich wollte gerade in ihre Box gehen, um sie zu striegeln, als von draußen Lärm ertönte, als wären plötzlich viele Menschen gekommen.

„Ich bin gleich zurück!", versprach ich Violetta, verließ den Stall durch die Hintertür und lief zur Weide, denn von dort schien der Lärm herzukommen. Nun verstand ich auch, was da gerufen wurde.

„Schau nur, wie er galoppiert!"

Camargue-Pferd

„Oh! Ist der süß!"

Ich hatte mich nicht geirrt, alle standen am Gatter rund um einen kleinen Paddock hinter dem Vereinshaus. Eins der Mädchen sah mich kommen.

„Da ist Emma!", rief sie, als wollte sie die anderen warnen.

Ich begriff gar nichts, als sich jetzt alle zu mir umdrehten und mich anstarrten.

„Was ist denn? Was ist los?", fragte ich beunruhigt.

Matthias war auch da. Wieder lächelte er so geheimnisvoll.

„Weil ich Geburtstag habe?", fragte ich ratlos.

Stefanie kam jetzt auch dazu, sie strahlte mich an.

„Wir haben eine Überraschung für dich", sagte sie.

Also, was war denn nur los heute?

„Violetta?", fragte ich noch einmal.

Stefanie senkte den Kopf.

„Violetta wird nie mehr springen können", sagte sie leise. „Der Tierarzt hat angerufen. Er meint, es sei zu gefährlich für sie. Wir werden sie jetzt als Reitpferd für die Anfänger einsetzen."

Ich wollte vor Enttäuschung am liebsten losheulen, aber ich riss mich zusammen. Das sollte eine Überraschung sein? Das war doch wohl das Allerletzte!

Stefanie ließ mir Zeit, um die schlimme Nachricht zu verdauen. Dann berührte sie mich an der Schulter.

„Komm mit", forderte sie mich auf.

Sie schubste mich sanft zum Gatter. Und da sah ich ihn! Es durchfuhr mich wie ein Blitz! Dort auf der Weide stand ein wunderschönes Pony, ein Fuchs mit heller Mähne, und knabberte an Grasbüscheln. Es hatte weiße Fesseln.

„Er ist gestern Abend angekommen", sagte Stefanie. „Ein Französisches Reitpony, sechs Jahre alt."

Ich nicke stumm. Ich war wie hypnotisiert.

„Er heißt Bisou."

„Bisou", wiederholte ich automatisch.

„Von heute an ist er dein Pferd", fuhr Stefanie fort. „Wir zählen darauf, dass du mit ihm beim nächsten Turnier starten wirst."

Ich konnte kaum glauben, was ich da hörte. Wenn ich nicht Angst gehabt hätte, Bisou zu erschrecken, wäre ich laut jubelnd herumgesprungen. Was für eine Überraschung!

An diesem Tag habe ich mich in Bisou verliebt. Er ist das Pferd meines Lebens!

Was für eine Figur!

Egal, was andere sagen: Bisou ist der Schönste! Schaut euch nur diese Beine an! Und wie er den Kopf hält!

Exterieur

Bei der Beurteilung von Pferden wird der Körperbau bewertet, auch Exterieur genannt. Wichtig ist, dass die Gelenke gut gewinkelt sind und alle Körperteile möglichst harmonisch zusammenpassen.

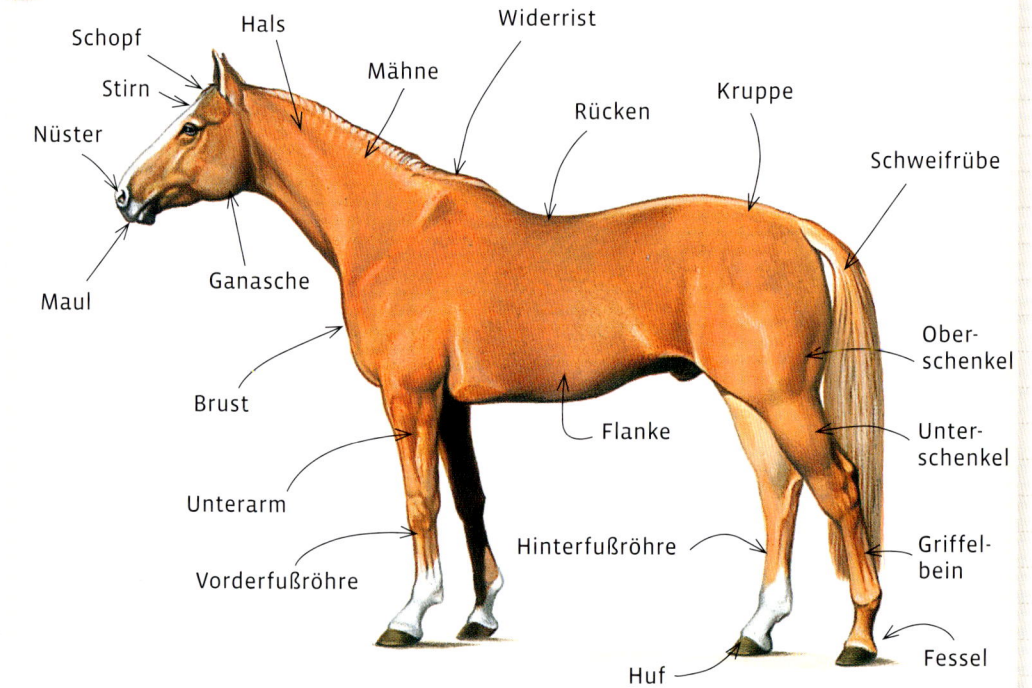

Schopf · Hals · Widerrist · Mähne · Rücken · Kruppe · Stirn · Schweifrübe · Nüster · Ganasche · Oberschenkel · Maul · Brust · Flanke · Unterschenkel · Unterarm · Griffelbein · Vorderfußröhre · Hinterfußröhre · Fessel · Huf

Von Sternen, Flocken und Laternen

Wenn das Maul eines Pferdes heller als der Rest ist, sagt man, es hat ein „Mehlmaul". Jede weiße Markierung an einem Pferdekopf hat eine besondere Bezeichnung.

⚘ Das Mehlmaul

⚘ Ein kleiner Fleck ist eine „Flocke" oder ein „Stern".

⚘ Ein langer Fleck ist eine „Blesse".

⚘ Und wenn fast das ganze Gesicht weiß ist, sagte man dazu „Laterne".

Fellfarben

Pferde haben viele Farben! Weiß, fuchsfarben, braun, schwarz, gescheckt ... fast alles ist möglich. Hier findest du zwölf der wichtigsten Fellfarben.

Schimmel

Wenn du dein erstes Reit-abzeichen machst, musst du alle Pferdefarben, Abzeichen am Kopf und an den Beinen kennen.

Mein Tipp für dich!

Fuchs

Brauner

Grauschimmel

Rappe

Falbe (Isabellenfalbe)

Stichelhaariger Fuchs

Stichelhaariger Brauner oder Rappe

Goldfuchs

Mausgrauer oder Mausfalbe

Dunkelfuchs

Schecke

Zeig her, deine Füße ...

Dieses Pferd hat weiße Socken! Man nennt die Abzeichen an den Beinen auch Kronen, Ballen, Fessel oder Fuß – je nachdem, wie hoch die weißen Fellfärbungen reichen.

Rätsel

Welche Farbe hatte der Schimmel von Heinrich IV.?

Antwort: Zweifellos weiß!

Es war ein Weißisabelle, sie sind sehr selten und kommen mit weißem Fell zur Welt. Um sicherzugehen, musst du dir die Haut unter dem Fell ansehen. Ein Weißisabelle hat eine rosane Haut, die der Schimmel ist schwarz. Schimmel kommen mit dunklem Fell zur Welt und werden erst später weiß.

Pferde zeichnen wie ein Profi!

Ständig kritzele ich Pferde auf Papier. Irgendwann werde ich ein richtig schönes Porträt von Bisou malen können.

Schritt für Schritt

Um ein Pferd zu zeichnen, muss man sich nur mit Rechtecken, Kreisen und Dreiecken auskennen. Und das ist doch leicht, oder? Zum Skizzieren würde ich einen Bleistift nehmen, danach kannst du dein Pferd mit schwarzem Filzstift nachzeichnen. Jetzt nur noch radieren – fertig!

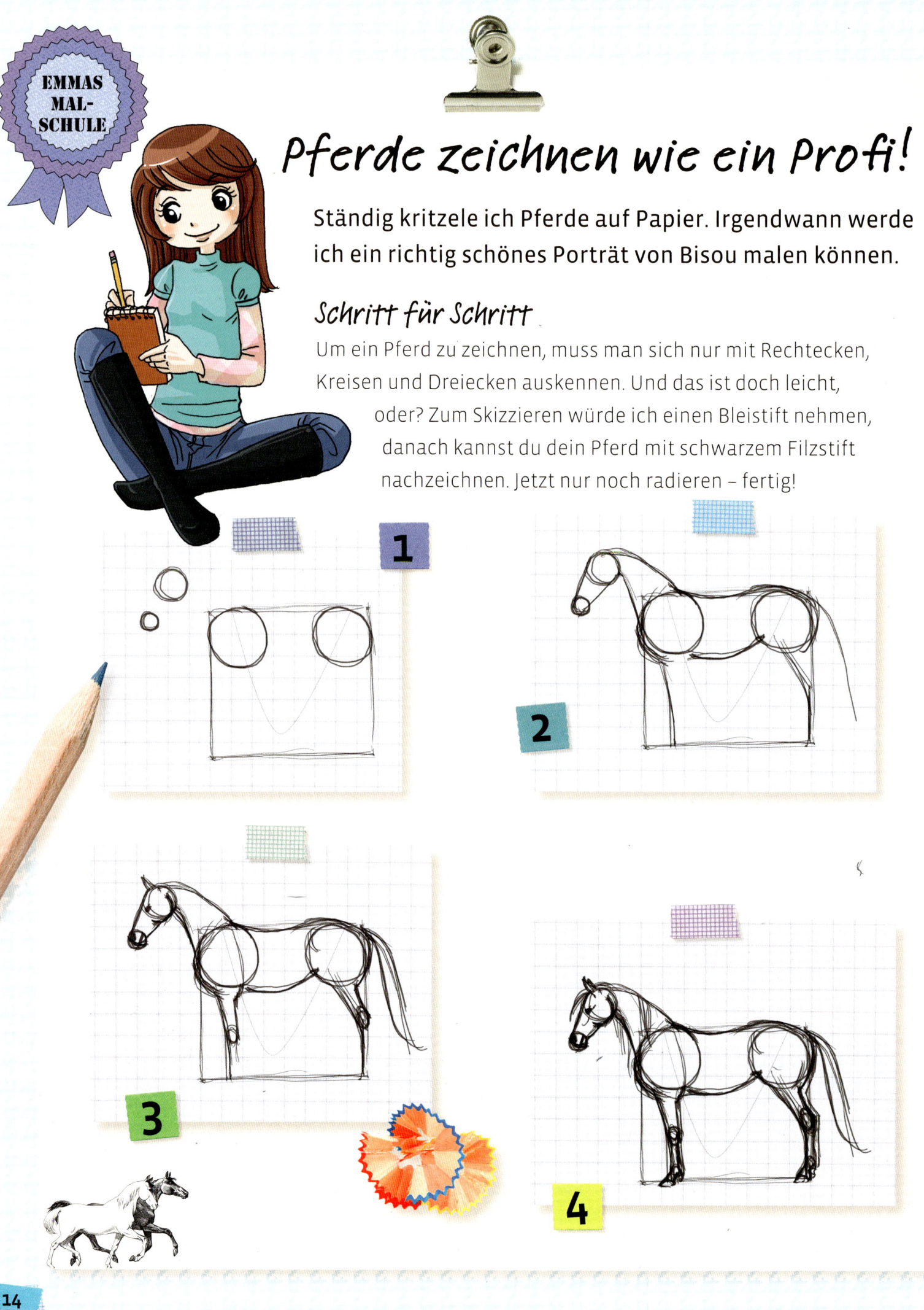

1

2

3

4

Drei Kreise ...

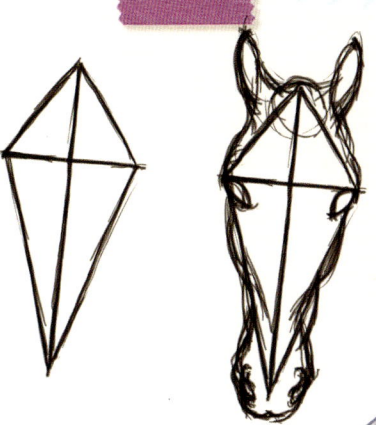

Drache oder Pferd?

Manchmal steckt ein Pferdekopf in einem Papierdrachen – hier ist der Beweis!

Kinderleicht!

So leicht kannst du ein Steckenpferd für deine kleinen Geschwister basteln.

Mähnenhaare aus Wolle

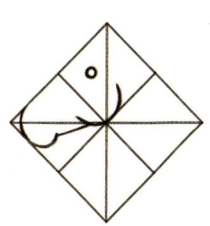
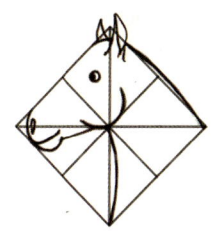
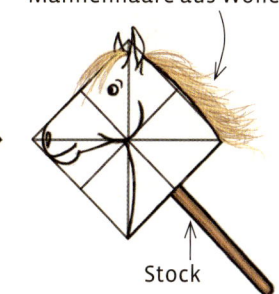

Stock

Kennst du die berühmtesten Pferde aus Comics oder Filmen?
1. Ich bin der coolste Appaloosa im Wilden Westen!
2. Ich bin ein kleiner, schwarz gescheckter Mustang und erlebe mit Yakari Abenteuer!
3. Ich bin eine schöne Schimmelstute, die Freundin von Amadeus!

Antworten:
1. Jolly Jumper, Gefährte von Lucky Luke
2. Kleiner Donner
3. Sabrina, Bibi Blocksbergs Stute

Halb und halb!

Such dir ein schönes Foto von einem Pferdekopf aus einer Zeitschrift und schneide ihn der Länge nach zur Hälfte aus. Klebe eine der Hälften auf ein weißes Blatt Papier und zeichne die andere Hälfte nach.

Richtig angezogen ...

Am liebsten würde ich immer in Reitklamotten rumlaufen. Leider ist meine Mutter dagegen.

Für den Anfang!

So sah ich aus, als ich anfing zu reiten. Süß, oder? Nicht mal einen eigenen Reithelm hatte ich, den hab ich mir in der Reitschule ausgeliehen. Als klar war, dass ich beim Reiten bleiben würde, haben mir meine Eltern die ganze Ausrüstung geschenkt.

Emmas Tipp:
Reithandschuhe sehen nicht nur toll aus, sie sind auch nützlich als Schutz gegen Blasen!

Von Kopf bis Fuß

Ein Jahr später war ich perfekt eingekleidet. Eine Reithose verhindert, dass man sich wund reitet. Die Stiefel haben Absätze, damit man die Steigbügel nicht verliert. Du kannst dich zwischen Reitstiefeln oder Chaps mit Stiefeletten entscheiden. Chaps sind Gamaschen aus Leder.

„Ein junges Pferd, ein alter Reiter"
(Arabisches Sprichwort)

Diese Weisheit gilt auch umgekehrt! Als Reitanfänger bist du auf einem erfahrenen, älteren Pferd besser aufgehoben. Junge Pferde sind oft unsicher und erschrecken sich leicht, das kann dich in Schwierigkeiten bringen.

Pferdeschwanz

Knoten oder Pferdeschwanz?

Die ideale Frisur für eine Reiterin ist natürlich ein Pferdeschwanz! So fallen dir keine störenden Haare ins Gesicht. Binde den Pferdeschwanz aber nicht zu hoch, weil sonst der Helm nicht fest sitzt. Ich drehe mir die Haare immer zu einem kleinen Knoten im Nacken. Das sieht hübsch aus und meine Haare riechen hinterher nicht so nach Pferd.

Kleiner Knoten

Immer mit Helm!

Es ist absolut verboten, ohne Kopfschutz auf ein Pferd zu steigen. Der Kinnriemen muss fest sitzen. Falls du mal vom Pferd fällst, könnte es sein, dass die Helmschale reißt, was man nicht immer sofort merkt. Dann brauchst du einen neuen Helm.

Empfindliche Nase!

Bisou kann wie alle Pferde sehr gut riechen. Deshalb benutze ich vor dem Reiten nie Parfum. Der starke Geruch würde ihn stören.

Putzzeit!

Bisou genießt das Striegeln und Bürsten sehr und deshalb putze ich ihn für mein Leben gern.

Von Kopf bis Huf

Als ich zum ersten Mal ein Pony geputzt habe, wusste ich nicht, wie es geht. Inzwischen bin ich Profi: Ich beginne mit der härtesten Bürste und höre mit der weichsten auf! Mit dem Striegel säubere ich das Fell von Schmutz und ausgefallenen Haaren. Ich striegele in Kreisen über den Körper, den Kopf und die Gelenke spare ich aus.

Haarpflege

Für Mähne und Schweif nehme ich einen Mähnenkamm und eine weiche Bürste. Eine total zerzauste Mähne sprühe ich mit Mähnenspray ein, damit sie sich durchkämmen lässt. Aber Achtung! Sprüh ein paarmal weg vom Pferd, damit sich dein Pony an das Geräusch gewöhnt.

Mähnenkamm

1 Striegel

2 Bürste

3 Kardätsche

Drei Schwämme

Mit einem sehr weichen Schwamm wische ich vorsichtig Bisous Augenwinkel aus. Der blaue Schwamm ist für Maul und Nüstern. Mit dem grünen Schwamm reinige ich ihn unter seinem Schweif. Mit wasserfestem Filzstift steht darauf, wofür sie sind. Praktisch, was?

Augen

Maul

Schweif

Mein Tipp für dich!

Am Ende unserer Schönheitspflege wische ich mit einem feuchten Tuch allen Staub von Bisous Körper, bis er schön glänzt.

Rundumpflege

Durch das Bürsten stimulierst du den Blutkreislauf und bereitest dein Pferd auf die Reitstunde vor. Dabei kannst du auch feststellen, ob es vielleicht eine Wunde hat. Und das Putzen festigt eure Freundschaft!

Freunde fürs Leben

„Jeder vergessene Strohhalm im Pferdeschweif kündigt einen Sturz an!"

Hornstrahl

Hufpflege

Für die Hufpflege muss dir dein Pferd seine Hufe geben! Dreh ihm den Rücken zu und gleite mit der Hand am Bein nach unten. Dann tippe es an der Fessel an und sage: „Gib Huf!" Mit deinem Hufkratzer kannst du jetzt Schmutz herauskratzen, und zwar von hinten nach vorn. Achte darauf, dass du die Strahlfurche nicht verletzt.

Wie oft habe ich schon im Stroh nach meinem Hufkratzer gesucht! Meine Idee: Am Griff eine Schnur befestigen, an ihr Ende einen durchbohrten Tennisball anknoten, fertig!

Mein Tipp für dich!

Ich spreche ...
die Pferdesprache!

An meinem ersten Tag im Reitverein habe ich kaum kapiert, worüber geredet wurde! Es gibt wirklich ziemlich viele Fachbegriffe.

Wie bitte?!

Am Anfang habe ich nicht alles verstanden, was die Reitlehrer zu mir sagten. Heute rede ich wie sie, und nun sind es die Anfänger, die mich nicht verstehen. Tatsächlich gibt es besondere Begriffe rund ums Pferd, die man unbedingt lernen muss.

„Gestern ist mir mein junges Pferd im Viereck durchgegangen."

„Du Ärmste!"

Achtung – Fehler!

Stroh (Halme von getrocknetem Weizen) und Heu (gemähtes, getrocknetes Gras) muss man voneinander unterscheiden können, ebenso den Striegel von der Kardätsche. Trau dich ruhig, Fragen zu stellen, denn wenn du etwas nicht weißt, braucht dir das nicht peinlich zu sein.

In Frankreich gibt es die meisten Pferderennbahnen weltweit, denn die Franzosen lieben es, auf Pferde zu wetten. Es sind mehr als 250 im ganzen Land. Auf den Rennbahnen in Paris findet ein berühmtes Galopprennen oder auch die Weltmeisterschaft im Trabrennen statt.

Der Plan:
Emmas Reitschule

Auf die Ausrüstung kommt es an!

Wenn ich im Reitverein ankomme, bin ich bereits umgezogen. Aber Bisou muss ich natürlich erst noch satteln und aufzäumen.

Schritt für Schritt

Pferde werden mit Zaumzeug geritten. Die Kombination aus Riemen und Gebiss, die das Zaumzeug bildet, heißt Trense.

1 Stell dich links neben das Pferd und nimm ihm das Stallhalfter ab, aber lass es um den Hals hängen, damit das Pferd bei dir bleibt.

2 Halte das Gebiss in der linken Hand vor das Maul. Es macht das Maul nicht auf? Schieb deinen Daumen am Maulwinkel sachte ins Maul. Keine Angst, dort hat das Pferd keine Zähne!

3 Wenn das Gebiss im Maul ist, wird das Genickstück vorsichtig über die Ohren geschoben. Achte darauf, dass sich keine Schopfhaare verfangen. Befestige den Nasenriemen nicht zu stramm. Zwei Finger sollten dazwischenpassen. Schnalle dann den Kehlriemen fest, hier gilt, dass deine Faust Platz haben sollte.

Nur nicht zu stramm!

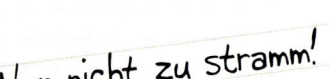

Zu eng verschnalltes Zaumzeug und zu stramm gehaltene Zügel machen Pferden Angst. Das Fluchttier Pferd fühlt sich eingeengt und kann in Panik geraten.

Richtig satteln!

Bevor du dein Pferd sattelst, zeig ihm den Sattel auf deinem Arm.

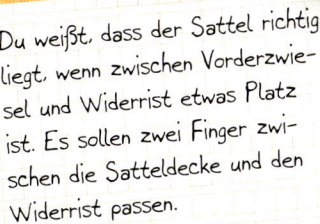

Vorderzwiesel

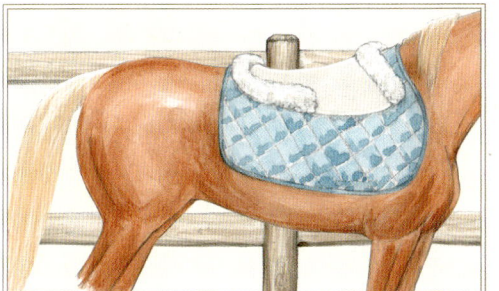

1 Lege zuerst die Satteldecke ohne Sattel auf den Rücken, dann den Sattel.

Du weißt, dass der Sattel richtig liegt, wenn zwischen Vorderzwiesel und Widerrist etwas Platz ist. Es sollen zwei Finger zwischen die Satteldecke und den Widerrist passen.

Mein Tipp für dich!

2 Schiebe Decke und Sattel etwas nach hinten, damit das Fell glatt bleibt.

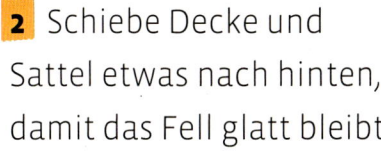

3 Lass den Gurt nicht plötzlich fallen, sondern vorsichtig herunter. Der Sattelgurt wird zuerst nicht zu eng angezogen. Später wird noch mal nachgegurtet. Meistens wird von links aufgesattelt und nachgegurtet.

Bisou kann den Bauch aufblähen, deshalb muss ich vor dem Aufsteigen und auch nach einigen Runden im Schritt den Sattelgurt kontrollieren und nachgurten.

Für Leseratten!

Ich verschlinge Bücher über Pferde und Ponys und liebe Pferdegeschichten! Das hier ist mein Bücherregal mit meinen absoluten Lieblingstiteln, die ich wärmstens empfehlen kann.

Es war einmal ...

Fallada, Pegasus, Rosinante ...
Pferde spielen in Märchen und Sagen
eine große Rolle. Davon kannst du dich
in jeder Bibliothek überzeugen. Es gibt jede
Menge Klassiker und neue Bücher für Pferdefans!

BLITZ, DER SCHWARZE HENGST

Walter Farley

Alec wird von einem schwarzen Hengst vor dem Ertrinken gerettet. Er findet sich auf einer Insel wieder und sein einziger Gefährte ist das wunderschöne Pferd. Diesem ersten Band folgten noch viele andere.

Ab 9

MEIN FREUND FLICKA

Mary O'Hara

Ken will auf dem Gestüt seines Vaters die Stute Flicka reiten, doch sie widersetzt sich. Als Flicka sich verletzt, kämpft Ken um ihr Leben und rettet sie. Es gibt noch zwei Folgebände.

Ab 9

KÖNIG DES WINDES

Marguerite Henry

Die traurigschöne Geschichte des arabischen Hengstes Sham, den es mit seinem Pfleger Agba nach England verschlägt. Er wird Rennpferd und der Stammvater der englischen Vollblutzucht.

Ab 10

BLACK BEAUTY

Anna Sewell

Die wunderschöne Stute Black Beauty lernt gute und grausame Besitzer kennen. Als sie fast erblindet, wird sie von einem ehemaligen Stalljungen gerettet.

Ab 10

DICK UND DALLI UND DIE PONYS

Ursula Bruns

Die beiden Schwestern Dick und Dalli leben und reiten auf dem Immenhof, dem Gestüt ihrer Großmutter, und lehren ihren hochnäsigen Cousin Ethelbert das Fürchten.

Ab 9

BILLE UND ZOTTEL

Tina Caspari

Bille liebt ihr Pony Zottel über alles. Das ehemalige Zirkuspony ist immer für einen Streich zu haben und gemeinsam erleben sie viele Abenteuer.

Ab 10

FOLLYFOOT

Monica Dickens

Follyfoot ist eine Farm für Pferde, die niemand mehr will. Kinder helfen dem Eigentümer, die alten Pferde zu versorgen.

Ab 9

Fortsetzung folgt ...

Spannende Pferdegeschichten, die in mehreren Bänden zu haben sind:

-  Sternenfohlen, ab 6
- Horseland, die Pferderanch, ab 7
- Die Ponydedektive, ab 8
- Lissys Freunde, ab 10
- Horse Angel, ab 12

Pferde-Comics

Wer Bildergeschichten liebt, wird diese Comics gern lesen.

🐎

Lissy – hat ein Herz für Pferde

🐎

Bibi & Tina – erleben zauberhafte Abenteuer mit ihren Pferden Sabrina und Amadeus

🐎

Wendy – lebt auf Gut Rosenborg

LOVING SPIRIT VERWANDTE SEELEN – UND ANDERE BÄNDE

Linda Chapman

Ellie kann die Gedanken ihres Pferdes Spirit lesen. Gemeinsam helfen sie Pferden und Menschen, die sich nicht verstehen.

Ab 12

Deine Pony-Lesezeichen

STERNEN-SCHWEIF

Linda Chapman

Laura entdeckt, dass sich ihr graues Pony Sternenschweif in ein Einhorn verwandelt, wenn sie den magischen Satz spricht. Sie helfen Tieren und Menschen, aber niemand darf von ihrem Geheimnis erfahren, auch Lauras beste Freundinnen nicht.

Ab 6

JOSIES PFERDE

Lucie Daniels

Josie spürt eine innige Verbundenheit zu ihren Pferden Faith, Hope und Charity. Das ist auch wichtig, denn auf das Mädchen und seine Pferde kommen viele Herausforderungen zu.

Beginn einer Freundschaft

Heute Morgen kamen eine Frau und ihr Sohn auf den Hof, die ich vorher noch nie gesehen hatte. Der Junge sah irgendwie ungewöhnlich aus. Er war ungefähr so alt wie ich und schien ziemlich ängstlich zu sein.

Der Junge drehte sich zu mir um. Höflich lächelte ich ihn an und striegelte Bisou weiter. Ich wollte einen Ausritt machen, zur Erholung für Bisou. Wir mussten wegen der anstehenden Turniere viel trainieren, allein dreimal in der Woche waren wir auf dem Springplatz.
Als ich die Steigbügel überprüfte, hörte ich Stefanie aus ihrem Büro kommen.
„Vielen Dank", sagte die Fremde. „Ich hoffe, dass alles klappt."
„Machen Sie sich deshalb keine Sorgen", versicherte ihr Stefanie. „Ich habe schon Erfahrung mit Schülern wie Tim."
„Also – dann bis morgen?", fragte die Mutter des Jungen.
„Ja, bis morgen."
Ihr Sohn und sie schlenderten langsam zum Ausgang des Stalls. Als sie an mir vorbeikamen, steckte mein Pony den Kopf durch die offene Tür und schnaubte den Jungen leise an.
„Mama!", flüsterte er und wich zurück.

„Der ist doch ganz lieb, mein Schatz", beruhigte ihn seine Mutter mit sirupsüßer Stimme.
Bisou senkte den Kopf noch etwas tiefer und schnaubte noch einmal ganz sacht.
Diesmal wich der Junge nicht zurück. Er starrte unverwandt auf die Erde.
Bisou berührte mit der Nase seine Hand. Ich hielt den Atem an. Ich hatte noch nie erlebt, dass Bisou von sich aus Kontakt zu jemandem gesucht hatte. Selbst mir gegenüber hatte er sich am Anfang ziemlich unnahbar gezeigt. Ich habe einige Stunden gebraucht, bis er mir vertraute und mich als seine

Reiterin akzeptierte. Ganz zu schweigen von den sieben Kilo Möhren!
Bisous Nase berührte fast die Hand des Jungen. Seine langen Tasthaa-
re an der Nase zitterten, das war bestimmt kitzlig, aber der Junge
schaute immer noch auf die Erde.

Die Zeit schien stillzustehen und ich wurde langsam ungeduldig.
Das war ja alles ganz nett, aber ich wollte einen Ausritt machen! Ich
tätschelte Bisous Kruppe, um ihn ein bisschen anzutreiben, als der
Junge seine Hand plötzlich wie eine Schale vor Bisous Nase hielt,
damit er sie dort hineinstecken konnte.

Neben ihm beobachtete seine Mutter fasziniert, was da geschah.
Auf einmal war der Junge gar nicht mehr ängstlich. Mit der anderen Hand streichelte er Bisou zwischen den Augen. Stefanie näherte sich lautlos.

„Sehen Sie?", flüstert sie.

Die Mutter drehte sich zu ihr um.

„Sollen wir es gleich mal versuchen?", fragte Stefanie.

Die Frau war einverstanden.

„Komm mit, Tim", sagte Stefanie.

Der Junge betrachtete sie mit breitem Grinsen, während er Bisou
weiter streichelte.

„Darf ich?", fragte Stefanie mich.

Ich zögerte, aber Stefanies Blick sagte mir, dass mir keine Wahl blieb.
Ich nahm Bisou widerwillig am Führstrick. Den Ausritt konnte ich vergessen! Ich was ganz schön sauer. Aber Bisou hatte wohl etwas be-
griffen, das mir entgangen war. Aber was?

Ein bisschen später, nachdem Stefanie Bisou und seinen neu-
en Reiter am Führstrick wegführte, drehte sich die Mutter zu
mir um, mit Tränen in den Augen.

„Vielen Dank!"

„Ach … das ist doch selbstverständlich", sagte ich etwas verwirrt.

„Tim ist Autist", erklärte sie mir. „Alles macht ihm Angst und er
weigert sich, mit der Außenwelt Kontakt aufzunehmen. Was da
mit deinem Pferd eben passiert ist, ist einfach unglaublich."

Also, das haute mich ja nun total vom Hocker! Ich grinste unsicher.

„Man könnte sagen, dass dieses Pferd die Probleme meines
Sohnes gespürt hat", sagte sie leise wie zu sich selbst.

„Bisou ist wirklich sehr feinfühlig. Sie werden sehen – Ihr Sohn
und er werden bald die besten Freunde sein."

Bisher hatte ich Bisou immer ganz für mich gehabt. Doch von nun
an würde ich ihn mit diesem fremden Jungen teilen. Denn Tim und
Bisou würden sich bestimmt bald wiedersehen. Was zwischen ihnen
passiert war, schien der Beginn einer besonderen Freundschaft zu
sein. Ich bin ein bisschen eifersüchtig … und sehr stolz. Stolz auf mein
Pferd!

Aufsteigen ... und oben bleiben!

Im Reitverein gibt es eine Regel: Wem das Pferd durchgeht oder wer runterfällt, muss für die nächste Reitstunde einen Kuchen backen. Lecker!

Leicht wie eine Feder

Wenn du in den Sattel steigst, mach dich so leicht wie eine Feder! Lass dir Zeit und vermeide hastige Bewegungen.

1 Stell dich links von deinem Pferd, nimm die Zügel in die linke Hand und stelle den linken Fuß in den Steigbügel.

2 Greife mit der rechten Hand den hinteren Sattelrand und stoß dich mit dem rechten Fuß ab, um dich mit leichtem Schwung in den Sattel zu heben.

3 Schwinge das rechte Bein über die Kruppe, ohne sie mit dem Fuß zu berühren. Sonst versteht dein Pferd das als Zeichen, dass es losgehen soll.

4 Gleite ganz sacht in den Sattel, anstatt dich fallen zu lassen, und stecke deinen rechten Fuß in den Steigbügel.

Hände lockerlassen

Deine Hände sollen feinfühlig sein. Die Zügel liegen zwischen deinen Fingern, die Fäuste werden aufrecht gehalten. Zerre nie an den Zügeln, damit tust deinem Pferd weh.

Die richtige Haltung!

Im Sattel musst du immer auf eine aufrechte Haltung achten. Wer unverkrampft im Sattel sitzt, fällt nicht herunter.

Sieh dort hin, wo das Pferd hingehen soll. Dadurch verlagert dein Körper unmerklich sein Gewicht und das zeigt deinem Pferd die Richtung an.

Deine Arme bilden mit den Zügeln eine gerade Linie bis zum Pferdemaul. Lege die Ellbogen leicht an deinen Körper an und halte die Hände nicht zu hoch. Ein Tipp: Schiebe die kleinen Finger unter die Satteldecke.

Dein Rücken bildet eine vertikale Linie. Verkrampf nicht. Du musst den Bewegungen deines Pferdes geschmeidig folgen können.

Die Steigbügel haben die richtige Länge, wenn der Riemen so lang ist wie dein Arm.

Mein Tipp für dich!

Du musst zur Strafe einen Kuchen backen? Hier ist das Rezept für einen Blitzkuchen.

Verrühre:

- 10 Esslöffel (EL) Mehl
- 6 EL Zucker
- 6 EL Milch
- 4 EL Öl
- 2 Eier
- 1 Päckchen Backpulver
- 1 Päckchen Vanillezucker

Streiche eine Kuchenform mit Butter oder Margarine aus, gieße den Teig hinein und backe ihn 40 Minuten bei 180°C. Du kannst in den Teig auch Apfel- oder Bananenstückchen oder geraspelte Schokolade rühren.

Ordnung muss sein!

Beim Reinigen der Reitutensilien prüfe ich gleichzeitig, ob alles in gutem Zustand ist. Das bewahrt mich vor bösen Überraschungen!

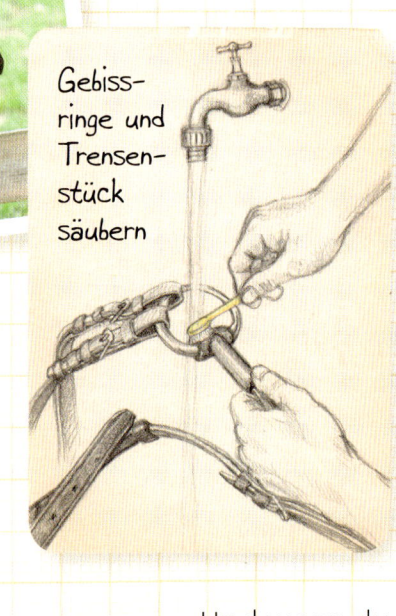

Gebiss-ringe und Trensen-stück säubern

Trocknen

GAFF

L'ETRIER

Alles sauber!

Hänge das Zaumzeug ordentlich zurück, vorher musst du die Trense mit Wasser abspülen. Wenn sie sehr verschmutzt ist, nimm eine Nagel- oder eine Zahnbürste zu Hilfe.

Gut trocknen!

Oft sind Pferd und Reiter nach der Stunde durchgeschwitzt. Deinen Helm solltest du offen hinlegen, damit er gut trocknen kann. Und wenn du deinen Sattel zurückbringst, dann lege die Satteldecke oben drauf und nicht darunter!

Blankes Leder!

Sattel und Zaumzeug sollten regelmäßig gereinigt und gefettet werden, damit das Leder weich und glänzend bleibt. Schnalle alle Gurte ab. Wische den gröbsten Schmutz mit einem Lappen ab. Dann benetzt du einen Schwamm mit etwas Sattelseife und wischst alles ab. Danach cremst du mit einem Spezialfett alles, bis auf die Sitzfläche, ein und polierst nach. Mit alten Socken über den Händen kann man das Fett prima verteilen. Superidee, was?

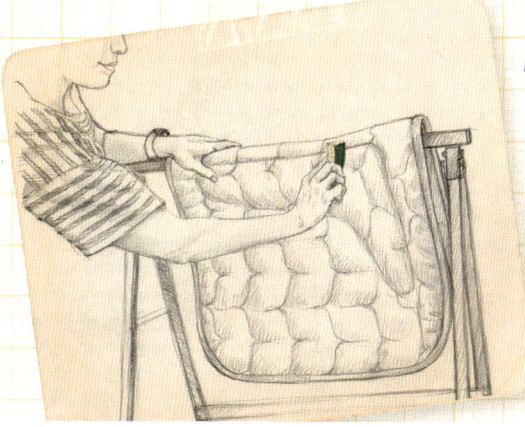

In die Maschine!

Ab und zu solltest du deine Satteldecke waschen. Damit die verfilzten Pferdehaare nicht die Maschine verstopfen, bürste ich sie vorher mit der kratzigen Seite eines Küchenschwamms aus. Wenn du die Longe, das Stallhalfter und andere Gurte aus Kunststoff waschen willst, steck sie in einen Kopfkissenbezug und verschließe ihn mit einem Gummiband. Dann gibt es nicht so einen Krach.

Bügelriemen tauschen!

Der linke Steigbügel wird immer mehr beansprucht als der rechte, weil du auf dieser Seite aufsteigst. Wenn du die Riemen einmal im Monat austauschst, werden sie gleichmäßig belastet.

Mein Tipp für dich!

Schmücke deinen Helm!

Dezent: Schneide den schwarzen Knopf an der Hinterkante ab und ersetze ihn durch ein buntes Schleifchen.

Poetisch: Schreibe mit einem Stoffschreiber ein Gedicht auf einen Helmüberzug, das wie eine Spirale umläuft. Natürlich sollte es ein Gedicht über Pferde sein!

Tarnung: Wähle einen tarnfarbenen Stoff für einen Helmüberzug. Oder klebe schön bunte Motive auf deine Kappe. Es können Knöpfe oder Dekos aus Stoff oder Filz sein. Klebe sie mit Textilkleber auf den Helm.

Du bist der Boss!

Ich habe das Sagen, das konnte ich Bisou schon gut klarmachen. Ich muss wissen, was ich will!

Hast du Töne!

Bisou hört am Tonfall meiner Stimme, was er machen soll. Wenn ich energisch und schnell spreche, ermutige ich ihn, schneller zu werden. Wenn ich leiser werde und langsamer rede, dann soll er auch langsamer werden. Mit einer leisen Stimme kann ich ihn auch beruhigen.

Reitersprache

Hilfreich ist es, dieselben Wörter zu benutzen wie alle Reiter im Stall. Dein Pferd wird daran gewöhnt sein. Wenn du sagst: „Te-rab", wird es sofort antraben. Und wenn du „Hooo!" sagst, bleibt es stehen.

Hooo!

Hmhm, Leckerli!

Nach einer guten Reitstunde solltest du dein Pferd mit einer besonderen Leckerei belohnen. Pferde lieben Äpfel und Möhren, aber auch Bananen fressen sie sehr gern. Gib deinem Pferd das Leckerli auf der flachen Hand, damit es nicht aus Versehen deine Finger erwischt.

Hilfengebung

1 Damit dein Pony dich verstehen kann, musst du deinen Körper einsetzen. Die Stimme ist eine Hilfe, aber vor allem sind es dein Gewicht, deine Beine und deine Hände.

2 Deine Gewichtsverlagerung zeigt das Tempo an. Wenn du dich leicht vorbeugst, wird es schneller werden, und wenn du dich etwas nach hinten lehnst, wird es langsamer.

3 Zum Treiben drückst du die Unterschenkel an das Pferd, angepasst an die Bewegung. Wenn deine Beine ans Pferd pendeln, treibst du. Die Hände mit den Zügeln führen das Pferd nach rechts oder links, aber sie können es auch bremsen, natürlich niemals grob!

TE-RAB!

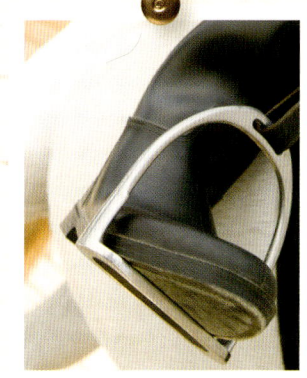

„Ein Pferd denkt, fühlt und entscheidet. Behandle es wie einen Freund, nicht wie einen Sklaven."

Ray Hunt, amerikanischer Reiter und Trainer

Elefantengedächtnis!

Ich weiß noch genau, wie ich Bisou zum ersten Mal reiten durfte. Ich habe ihn gestreichelt und ihn angesprochen, damit er sich an meine Stimme gewöhnt. Wenn er mich jetzt kommen hört, wendet er mir den Kopf zu! Ein Pferd erinnert sich an alle guten Zeiten, aber auch an die weniger guten. Wenn man es schlägt oder anschreit, dann erinnert es sich daran.

Immer im richtigen Gang!

Als ich klein war, war ich ganz wild aufs Karussellfahren! Auf meinem Steckenpferd ritt ich im Schritt, im Trab und im Galopp!

Ein Pferd galoppiert mit einer durchschnittlichen Geschwindigkeit von 21 km/h. Renngalopp ist viel schneller. Den Weltrekord hält das englische Rennpferd Big Racket, das 1945 fast 70 km/h schaffte!

Im Schritt!

Schritt ist die langsamste Gangart. Dabei bewegt sich das Pferd mit einer durchschnittlichen Geschwindigkeit von 7 km/h. Der Schritt ist ein Viertakt. Zähle mal die Schritte mit!

Durchschnittsgeschwindigkeit im Schritt: 7 km/h

Hinten links   Vorne links   Hinten rechts   Vorne rechts

Im Trab!

Drücke die Schenkel kurz etwas fester an und gib mit den Zügeln nach. Na, bitte – dein Pferd trabt. Im Trab setzt das Pferd zwei Beine gleichzeitig diagonal vor und zurück. Der Trab ist ein Zweitakt.

Durchschnittsgeschwindigkeit im Trab: 14 km/h

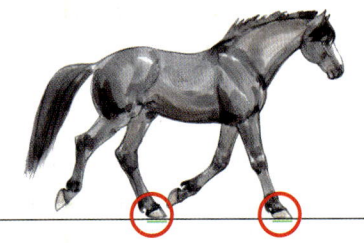

Erste Diagonale
Vorn rechts + hinten links

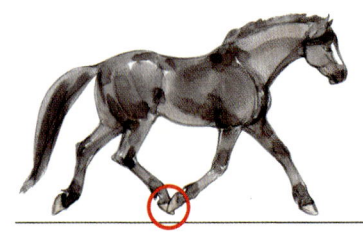

Flugphase

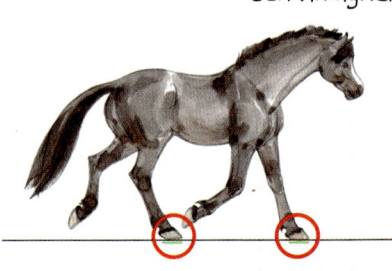

Zweite Diagonale
Vorn links + hinten rechts

1

Auf!

Leichttraben

Um den Pferderücken zu entlasten, trabt man „leicht". Beim ersten Takt wippst du hoch. Dazu kommst du leicht nach vorn und oben, mit lockeren Knien. Im zweiten Takt gleitest du sanft wieder in den Sattel. Und wieder von vorn ... Übe das zunächst im Schritt.

2

Ab!

Galopp

1, 2, 3. 1, 2, 3. Der Galopp ist eine Gangart im Dreitakt. Dein Pferd hat einen kurzen Moment lang alle vier Beine in der Luft. Am Strand entlang zu galoppieren ist einfach herrlich! Du musst etwas vorgebeugt im Sattel sitzen und mit den Händen die Bewegungen des Pferdehalses begleiten.

Bei den ersten Übungen im Leichttraben hielt ich mich an einer Handvoll Mähnenhaar fest, damit ich nicht bei jedem Auf und Ab an den Zügeln gezogen habe.

Mein Tipp für dich!

Wie im Film!

So bewegt sich ein Pferd im Galopp.

Mein Daumenkino

Schreck lass nach!

Im Verein herrschte eine ungewohnte Aufregung. Wenn ein Turnier stattfinden soll, spielen alle Leute verrückt. Sogar Matthias wirkte angespannt.

„Was haben die bloß alle?", fragte ich Nora, die gleichzeitig mit mir mit dem Reiten begonnen hatte.

„Keine Ahnung." Sie zuckte mit den Schultern. „Aber Stefanie sieht jedenfalls super aus!" Unsere Vereinschefin hatte sich echt aufgestylt. Normalerweise lief sie in einer abgewetzten hellen Reithose und einem T-Shirt herum. Aber heute trug sie eine elegante schwarze Reithose, eine weiße Bluse und ein schwarzes Jackett. Und rot geschminkte Lippen hatte sie auch!

Wir gingen mit den Pferden in die Reithalle. Stefanie stand hinter der Bande neben einem Mann in Anzug und Krawatte, den ich hier noch nie gesehen hatte.

„Wer ist das?", fragte ich Nora.

„Null Ahnung."

„Das ist der Trainer der Juniorenmannschaft!", flüsterte Julia.

„Pssst", machte Chris.

Der Trainer der Juniorenmannschaft! Ich konnte es kaum glauben und betrachtete den Mann sehr genau. Ich fand ihn für einen Reiter reichlich auffällig angezogen, aber vielleicht war der Eindruck auch falsch.

„Emma, der ist deinetwegen da!", sagte Chris. Meinetwegen? Nein, aber … Ich geriet in Panik und fing an zu schwitzen! Meine Hände wurden ganz feucht und mein Magen schmerzte.

„Los!", ermutigte mich Chris und gab Bisou einen Klaps auf die Hinterbacken.

Mein Pferd reagierte auch brav und lief los.

Jetzt konnte ich nicht mehr kneifen. Ich spürte die Blicke von Stefanie und dem Trainer, die auf mich gerichtet waren.

„Dann wollen wir mal!", dachte ich und drückte meine Schenkel gegen Bisous Flanken, der prompt schneller wurde. Nach einem schnellen Ritt rund um die Halle, trieb ich ihn zum ersten Hindernis. Bisou war total entspannt. Wie berauscht galoppierte ich auf das zweite Hindernis zu. Hopp! Super! Ich kam an einer strahlenden Chris vorbei und bog auf die Diagonale ein.

Ganz kurz schaute ich zu dem Trainer hinüber. Er lächelte auch. Glücklich und hoffnungsvoll neigte mich leicht nach vorn und ... urplötzlich blieb Bisou stehen. Der Schwung hob mich aus dem Sattel, ich flog ganz allein über die Stange und knallte mit dem Kopf zuerst auf den Sandboden. Ich winkte Stefanie zu, dass alles in Ordnung war. Ich war zwar etwas angeschlagen, aber es war nicht schlimm. Stattdessen schämte ich mich zu Tode. Mit gesenktem Kopf verließ ich

"Ja", sagte ich kleinlaut.
"Herr Duval möchte wissen, wie es dir geht", sagte sie.
Ich hob den Kopf. Der Trainer stand neben ihr und betrachtete mich mit einem Lächeln. Ich wollte am liebsten im Erdboden versinken.
"Gut", sagte ich und schaute zum Boden.
"Du hast mir Angst gemacht", sagte er. "Du hast mit deinem Pferd gut gearbeitet", fuhr er ganz ohne Ironie fort. "Wenn ich nur deine Leichtigkeit im Sattel besäße ..."
Ich hob erstaunt den Kopf und musterte den großen Mann. Machte er sich über mich lustig?

Ahhh!

mit Bisou an den Zügeln die Reitbahn.
In der Box konnte ich endlich losheulen. Bisou rieb seinen Kopf an meiner Wange.
"Was war denn mit dir los? Warum hast du das getan? Ausgerechnet heute!", jammerte ich.
Bald kamen auch die anderen in den Stall zurück. Meine Mitreiterinnen amüsierten sich bestens. Welche von ihnen würde wohl erwählt werden? Ich war total fertig.
"Emma!", rief Stefanie.
Ich antwortete nicht.
"Emma!", wiederholte sie.

"Herr Duval war von deinem Vorreiten sehr beeindruckt", sagte Stefanie. "Er möchte unseren Verein unterstützen."
"Unterstützen?", wiederholte ich überrascht.
"Ja. Herr Duval wird unser Trainingsmaterial finanzieren. Im Austausch dafür tragen wir auf den Turnieren die Farben seines Unternehmens."
"Ich zähl auf dich", sagte Herr Duval und verließ die Box. Plötzlich war mir ganz leicht zumute.
"Hast du das gehört, Bisou?" Ich gab ihm einen Schmatz auf die Nase. "Das war ja gar kein Trainer! Da habe ich aber noch mal Glück gehabt!"

Kleine Pferdekunde

Futterzeit!

Apfel

Heu

Bisou ist ein echter Feinschmecker. Seine liebste Leckerei? Hustenbonbons! Er mag den Pfefferminzgeschmack.

Möhre

Das ideale Pferdefutter ...

... besteht hauptsächlich aus Raufutter, das sind Heu und Stroh. Pferde fressen aber auch Getreide (Hafer, Mais, Gerste) und Kraftfutter. Möhren und Äpfel mögen sie auch. Und vergiss nicht, dass Pferde Wasser brauchen und auch einen Leckstein aus Salz!

Getreide

Leckstein

Auf der Waage

Ein Pferd frisst täglich zwischen zwei bis vier Prozent seines Körpergewichts. Bisou wiegt 400 kg. Er frisst also täglich 12 kg! Am Anfang habe ich immer alles genau abgewogen, heute kenne ich mich besser aus. Ich habe in seinen Trog einen Strich gemalt, um ihm nicht zu viel zu geben.

STOPP

Bisou verstreut gern sein Kraftfutter in der Box. Deshalb gebe ich etwas warmes Wasser dazu, so wird alles zu einem Brei. Außerdem frisst er dann langsamer und kann das Futter besser verdauen.

Mein Tipp für dich!

38

Ein Leckerli?

Ich bringe Bisou gern was zum Naschen mit. Wenn er gut mitgemacht hat, bekommt er einen Apfel, etwas Trockenobst oder eine saftige Möhre. Ich achte darauf, dass er keinen Zucker bekommt, denn Pferde können auch Karies bekommen.

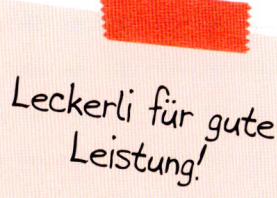

Leckerli für gute Leistung!

Montag: Apfel
Dienstag: Möhre
Mittwoch: nichts!
Donnerstag: Leckerli
Freitag: nichts!
Samstag: Leckerli
Sonntag: Trockenobst

Heunetz selbst geknüpft

Nimm die Schnüre, die die Heuballen zusammenhalten, um ein Heunetz zu knoten. Du benötigst 14 Schnüre von 2 m Länge.

1 Nimm die erste Schnur und verknote die Enden.

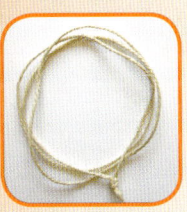

2 Wickle sie zu einem Kreis von 10 cm Durchmesser.

3 Knüpfe 12 Schnüre an diesen Kreis.

4 Dann verknote jede Schnur mit der nächsten, wie das Foto zeigt. Jeder Knoten sollte etwa 10 cm vom folgenden entfernt sein.

5 Wenn du 8 Knotenreihen hast, ziehe die letzte Schnur durch diese Reihe und verknote die Enden.

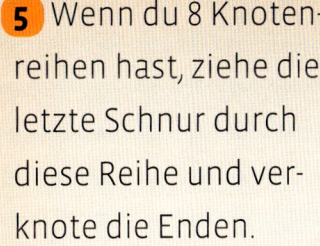

6 Zum Schluss schneide die Schnüre etwa 2 cm vom Knoten entfernt ab. Nun musst du nur noch Heu in das Netz füllen und es in Brusthöhe deines Pferdes aufhängen.

Gymnastik auf dem Pferd

Ich kann mich noch gut an meine erste Voltigier-stunde erinnern. Unglaublich – aber ich bin noch nie dabei heruntergefallen!

Gleichgewicht trainieren

Ein paar Körperübungen helfen dir herauszufin-den, wie stabil du wirklich im Sattel sitzt. Fang zu-nächst mit den Übungen im Stand an, dann im Schritt und dann im Trab!

Kannst du ein Rad schlagen?

1 Dreh den Oberkörper nach rechts, dann nach links. Ohne festhalten!

2 Berühre deinen rechten Fuß mit der linken Hand, dann den linken Fuß mit der rechten Hand.

3 Berühre die Schweifrübe erst mit der einen, dann mit der anderen Hand, ohne die Beine anzuziehen.

Lege dich nach hinten auf dein Pferd und schau in die Wolken. Dabei sollte aber jemand dein Pferd festhalten.

4

5 Zieh die Knie an, richte dich auf und halte dein Gleichgewicht.

Starten!

Du lernst gleich zu Anfang, wie du dein Pferd zum Loslaufen bringst und dann, wie du es mit dem Gewicht, den Schen-keln und mit den Zügeln lenken kannst.

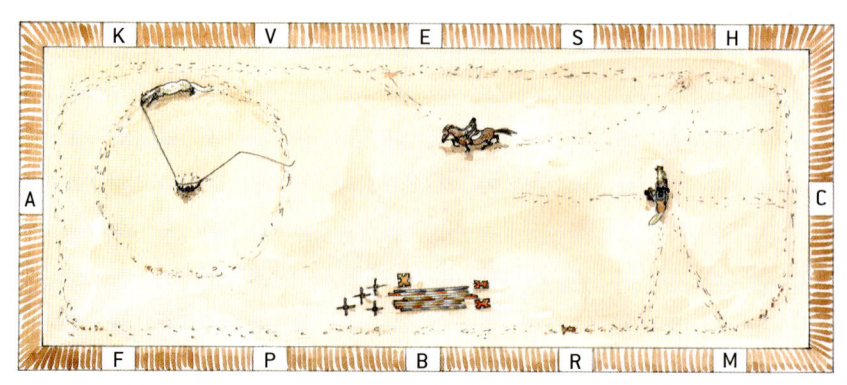

Die 20 x 40 m-Reitbahn ist mit Buchstaben markiert: A, K, E, H, C, M, B und F, V, S, P und R kommen bei 60 m Bahnlänge hinzu.

Im Viereck

Die Hufschlagfiguren helfen dir, dein Pferd durch die Bahn zu lenken. Du reitest auf der rechten Hand, wenn deine rechte Hand nach innen zur Bahnmitte zeigt.

Volte

Kehrtvolte

Halbe Bahn

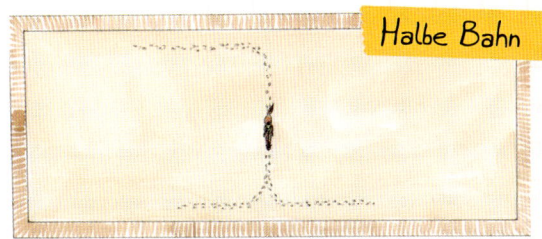

Acht (Zirkel)

Diagonale

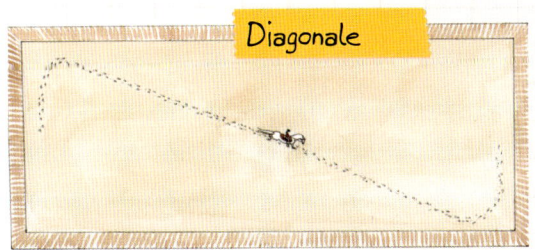

Schlangenlinien

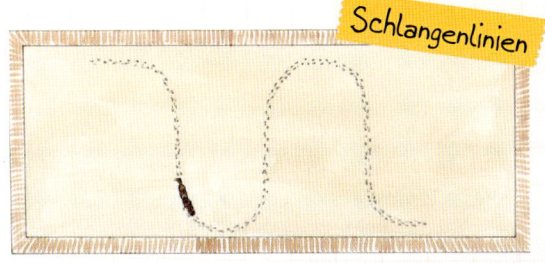

Um sich die Buchstaben leicht zu behalten, brauchst du etwas Fantasie. Diese drei „Sätze" können dir dabei helfen:

1 „**A**lle **K**leinen **E**sel **H**aben **C**haotische **M**anieren **B**eim **F**ressen ".

Aber du kannst dir ja selbst etwas ausdenken. Zum Beispiel:

2 „**A**lter **K**äse **E**kelt **H**ubert **C**laudia **M**ag **B**utter **F**risch".

oder einfach schöne Namen ...

3 **A**licia **K**en **E**milia **H**enry **C**armen **M**artin **B**irte **F**rank.

Mein Tipp für dich!

Bahnregeln!

Wenn mehrere Pferde auf dem Reitplatz oder in der Halle sind, gelten bestimmte Regeln.

1

Das schnellere Pferd hat Vorrang. Wer Schritt reitet, bleibt auf dem inneren Hufschlag.

2

Wenn alle Pferde in der gleichen Gangart sind, musst du die vorlassen, die auf der linken Hand reiten.

3

Reite nicht zu dicht an das Pferd vor dir heran. Halte mindestens eine Pferdelänge Abstand.

Im Stall soll es gut riechen!

Das Pferd freut sich über eine saubere Box.

Ich schlafe gern in sauberem Bettzeug. Das ist angenehm und duftet gut. Bisou geht es so wie mir. Er freut sich über saubere, frische Einstreu.

Reine Boxen

Aus der Pferdebox werden täglich feuchtes Stroh und Pferdeäpfel entfernt und neue Einstreu wird nachgelegt. Viele Pferde legen sich zum Ruhen hin, deshalb darf das Strohbett nicht zu dünn sein.

Ein weiches Bett

Eine weiche Einstreu aus Stroh lieben Pferde sehr, denn die können sie auch fressen! Manche Tiere reagieren aber allergisch auf den Staub, für sie sind Rindenmulch oder Sägespäne als Einstreu besser geeignet.

Wenn ich die Boxen sauber mache, ziehe ich Gartenhandschuhe oder Arbeitshandschuhe über. Ich bekomme dann keine Blasen und meine Hände werden auch nicht so schmutzig.

Mein Tipp für dich!

Großreinemachen!

Führe dein Pferd aus dem Stall, damit es keinen Staub einatmet. Dann geht das Saubermachen los!

1 Besorge dir eine Schubkarre, eine Forke oder Schaufel, einen Besen.

2 Häufe die gesamte Einstreu auf die Mistkarre und fahre sie zum Misthaufen.

3 Fege den Boden der Box mit einem harten Besen sauber, um den letzten Schmutz zu entfernen.

4 Lass den Boden trocknen, verteile reichlich frisches Stroh darauf. Häufe es an den Boxenrändern etwas auf.

Herkules' Heldentat

Kennst du die Sage von den Ställen des Königs Augias? Die waren dreißig Jahre lang nicht ausgemistet worden und niemand konnte mehr hineingehen. Doch der König forderte von Herkules, dass er alles reinigen sollte ... und zwar an einem Tag!

Herkules gelang das, indem er zwei Flüsse umleitete, sie durch die Ställe strömen und allen Schmutz mit sich nehmen ließ.

Diese Tat gehört zu den zwölf Heldentaten des Herkules, einer berühmten Gestalt aus der Mythologie. Allerdings waren die Ställe des Augias keine Pferde-, sondern Rinderställe.

Schon deinen Rücken!

Beim Reiten sollst du dich aufrecht halten, das gilt auch, wenn du eine Mistkarre zum Misthaufen schiebst. Geh leicht in die Knie, wenn du die Karre anhebst, das schont deine Wirbelsäule. Lade dir lieber nicht zu viel auf, geh besser mehrmals.

Pferdesachen selber machen!

Als ich mir eine neue Reitgerte wünschte, sagte meine Mutter, die alte sei doch noch gut genug. Da schmiedete ich einen Plan, wie ich etwas Geld verdienen könnte ...

Ausrüstung zum kleinen Preis! Meine tollen Angebote!

Emma

Pferde-Flohmarkt

Organisiere einen kleinen Flohmarkt im Verein (aber nur mit Erlaubnis). Sortiere Kleider aus und bastele genügend schöne Pferdesachen. Halte Wechselgeld für deine ersten Kunden bereit.

Gegen Langeweile

Stecke einen Ball in ein selbst geknüpftes Heunetz (Seite 39). So ein Spielball wird in die Box gehängt, das macht Pferden Spaß!

Hufkratzer am Band

Du brauchst eine bunte Schnur von 1 m Länge (aus dem Segler- oder Kletterladen). Die Zeichnungen zeigen, wie die Schnur verknotet wird. Den Knoten kannst du am Hufkratzer anbinden.

Und fertig!

1

2

3

4

Köstlichkeiten

Backe leckere Pferdekekse selbst, du kannst sie einzeln oder zu mehreren in Tüten verkaufen.

Verrühre:

- 12 Esslöffel (EL) Haferflocken
- 12 EL Mehl
- 6 EL flüssigen Honig
- 1 Tasse geriebene Mohrrübe (oder Äpfel)
- 50 ml Wasser
- 2 EL Öl
- 1 Teelöffel (TL) Salz

Forme kleine Teigbällchen, setze sie auf ein gefettetes Kuchenblech und drücke sie mit einem Löffel flach. Backe sie ca. 15 Minuten bei 180° C. Wenn sie goldgelb sind, sind sie fertig.

Mmmh ...!

Schlüsselanhänger selbst gebastelt

Kennst du Schrumpfplastik oder -folie? Du bekommst das Plastikpapier im Internet, Papier- oder Bastelladen. Es schrumpft im Backofen und wird hart. Daraus kann man tolle Anhänger basteln.

1 Zeichne ein Pferd auf das Plastikblatt (ein großes Pferd, weil es im Ofen auf ein Siebtel schrumpft!), male es mit Buntstiften aus und bohre dort ein Loch, wo es an einer Schnur aufgehängt werden soll.

2 Dann bitte einen Erwachsenen, es nach Vorschrift im Ofen zu „backen". Es dauert nur wenige Minuten! Jetzt musst du den Anhänger nur noch an einen Schlüsselring oder an ein hübsches Band hängen.

Gut verpackt!

Du willst deine feinen Lederstiefel schützen und gut aufbewahren? Hier ist der coolste Beutel, geschneidert aus einer alten Jeans!

Voltigierstunde!

Wenn es regnet und das Reiten auf dem Platz eine matschige Angelegenheit wird, tauschen wir die Reitstiefel gegen Gymastikschuhe ein. Super!

Kleiderwechsel

Vor der Voltigierstunde müssen sich Pferd und Reiter umziehen. Ich ziehe Gymnastikklamotten und -schuhe an, die ich für alle Fälle bei meinen Reitsachen dabeihabe. Das Pferd trägt nun einen Voltigiergurt und eine Voltigierdecke.

Voltigiergurt   Voltigierdecke

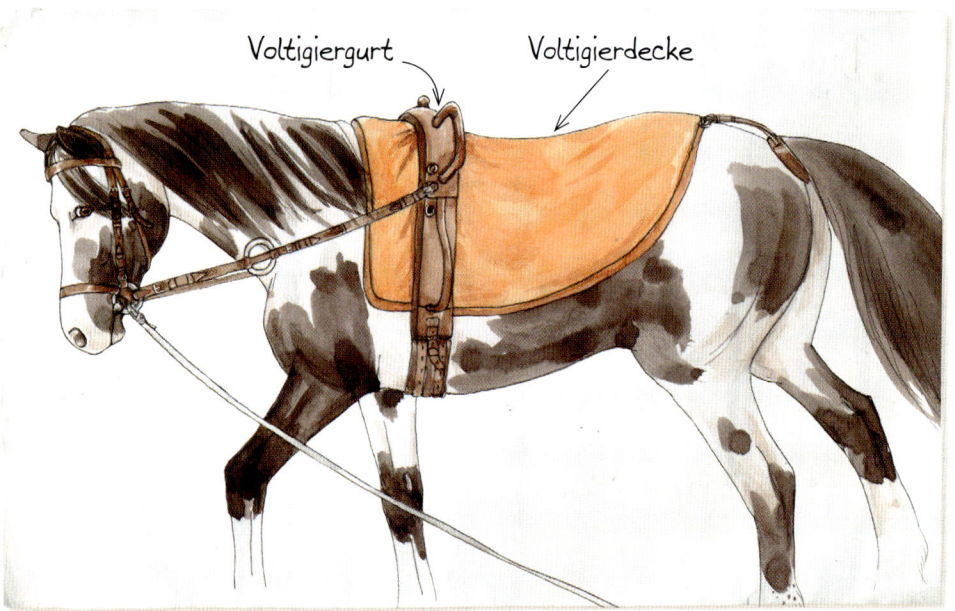

Aufs Pferd im Galopp!

Du läufst im Gleichschritt neben dem Pferd her und ergreifst die beiden Griffe des Voltigiergurtes. Folge dem Galoppsprung, zieh dich hoch und strecke dein äußeres Bein über den Pferderücken.

Die Grundübungen

Erinnerst du dich an die Körperübungen (Seite 40)? Die helfen dir auch beim Voltigieren. Erste Übung beim Voltigieren ist das Reiten mit ausgebreiteten Armen. Bist du bereit? Dann los!

1

2

3

4

2

Im Stand

1

Fahne

Voltigier-Figuren

1 Halte dich an den Griffen fest und knie dich auf den Pferderücken. Strecke ein Bein nach hinten. Bravo! Das ist die Fahne.

2 Stehen auf dem Pferderücken! Das ist gar nicht so schwierig.

Gleichgewichtsübungen

Ein guter Gleichgewichtssinn ist für das Voltigieren unerlässlich.

• Zieh dir deine Socken auf einem Bein stehend an. Aber Achtung: Das aufgestellte Bein muss gestreckt sein!

• Kannst du einen Stift mit den Zehen von der Erde aufheben?

• Balanciere ein bis zum Rand gefülltes Wasserglas – am besten draußen im Garten.

• Setz dich auf einen Stuhl und bleibe auf einer Pobacke sitzen! Versuche dein Gleichgewicht möglichst lange zu halten. Beidseitig üben.

Kannst du diese Übungen auch mit geschlossenen Augen machen?

Wie im Zirkus!

Oft sieht man im Zirkus artistische Vorführungen auf dem Pferd, entweder die elegante Variante mit einer feinen Dame oder die lustige mit Clown. Toll sind beide anzuschauen. Achte bei deinem nächsten Zirkusbesuch darauf, welche Übungen gezeigt werden.

Komm, ausreiten ...

Wenn wir lange genug trainiert haben, dürfen wir zur Belohnung ausreiten. Wie gern ich über die Wiesen galoppiere!

Leichter Sitz

Im Gelände ist der Boden nicht eben wie auf dem Reitplatz. Jetzt geht es mal bergauf, mal bergab. Achte darauf, dass du dich im Sattel ausbalancierst.

Ein Parcours in der Natur

Entdecke die Möglichkeiten, die sich in der Umgebung bieten und stelle dir immer ein anderes Programm zusammen. Um dich zu orientieren, nimm eine genaue Karte mit und notiere darauf die Wege, die du bereits erkundet hast. So findest du heraus, wo du am liebsten reitest und wirst ganz nebenbei auch noch ein Superpfadfinder.

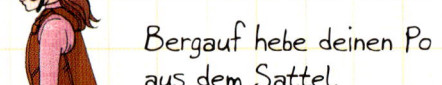

Bergauf hebe deinen Po aus dem Sattel.

Bergab lehnst du dich leicht nach hinten.

Wenn es zu steil ist, steig ab und führe dein Pferd am Zügel.

Alle Sinne sind wach

Die Versuchung, ein bisschen vor sich hin zu träumen, ist während eines Ausritts groß, besonders wenn man sich inmitten einer Gruppe befindet. Die Pferde gehen hintereinander, es scheint, als hätte man nichts weiter zu tun, als sich tragen zu lassen. Wenn du Stürze und Verletzungen vermeiden willst, bleibe wachsam und vorausschauend.

Frühstück auf der Wiese

Bereite ein leckeres Picknick vor, um dich während des Ausritts zu stärken. Vermeide Speisen, für die man Teller und Besteck braucht, denn dann muss man zu viel Kram mitschleppen. Brötchen mit

- Tomatenscheiben + Thunfisch mit Mayonnaise vermischt
- Salatblätter + Quark + Wurstscheiben
- Gouda + Schinken + Salatblätter

Du kannst auch anderes Gemüse nehmen (Gurken oder Möhren), die du in Längsscheiben schneidest, damit du deinem Pferd etwas davon abgeben kannst. Als Nachtisch nehme ich mir einen Apfel mit.

Und für dein Pferd?
Einen Apfel
Ein paar Möhren
oder trockenes Brot

Wenn Bisou an einem Bach trinkt, achte ich immer darauf, dass er seinen Kopf stromaufwärts hält. So trinkt er sauberes Wasser.

Mein Tipp für dich!

Ich träume davon, dass ich mit Bisou mal einen Ausritt am Meer machen kann.

Der Lauf der Jahreszeiten

Für Bisou hat jede Jahreszeit so seine Tücken.
Mittlerweile weiß ich, worauf ich achten muss.

Frühling

♣ Pferde können vom frischen Frühlingsgras nur wenig vertragen. Also langsam Anweiden. Erst eine Woche lang eine Stunde täglich, dann zwei.

♣ Zur Abwehr von Stechinsekten gebe ich dem Futter einen Esslöffel gemahlenen Knoblauch hinzu. Der Geruch dringt durch die Haut.

Tipp 1 Fellwechsel: Wenn dein Pferd sein Winterfell verliert und es dich nervt, dass überall Haare rumfliegen, steck einen Stab in ein Stück Wasserschlauch, befeuchte ihn und fahre damit wie mit einem Nudelholz über den Körper.

Sommer

♣ Insektenspray wehrt Stechinsekten ab. Wenn sich dein Pferd vor dem Aufsprühen fürchtet, dann trage die Flüssigkeit mit einem Schwamm auf.

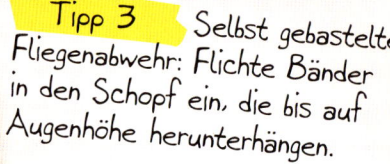

Tipp 3 Selbst gebastelte Fliegenabwehr: Flichte Bänder in den Schopf ein, die bis auf Augenhöhe herunterhängen.

Tipp 2 Erfrischung für dein Pferd: Stecke einen feuchten Schwamm unter das Genickstück des Halfters. Nimm immer wieder frisches Wasser. Halte den Schwamm zur Gewöhnung erst nur in der Hand.

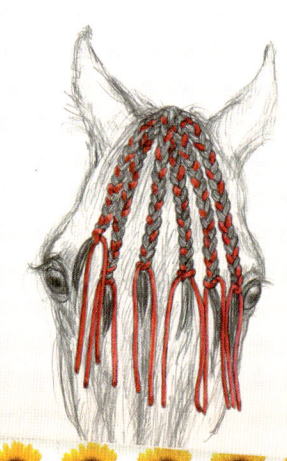

Herbst

Tipp 5

Pferdedecke

♣ Warmhalten: Dein Pferd hat kalte Ohren? Das ist ein Zeichen dafür, dass es friert ... Lege ihm rasch eine Decke über.

Tipp 4   Scheren: Wenn du viel reitest, schwitzt dein Pferd mit Winterfell mehr. Spare beim Scheren das Fell an den Beinen, unterm Sattel und am Kopf aus. Und wenn es sehr kalt wird, legst du ihm eine Decke über.

Winter ❄

♣ Viele Pferde verbringen jetzt mehr Zeit in der Box. Es ist es aber gesünder, wenn sie viel an der frischen Luft und in Gesellschaft anderer Pferde draußen auf dem Paddock sein können.

Tipp 7
Maukeschutz: Um Matsch und Feuchtigkeit abzuhalten, streiche die Fesseln mit Vaseline ein.

Tipp 6   Frostschutz: Lege ein Stück Holz in die Tränke, dann friert die Oberfläche nicht so schnell zu. Wenn die Temperatur aber weit unter null sinkt, musst du frisches Wasser holen.

Wollen wir spielen?

Wenn es früh dunkel wird, machen wir es uns zu Hause gemütlich und spielen!

Pferd, ärgere dich nicht!

Bastle das Spiel aus einem quadratischen Blatt Pappe. Du brauchst vier verschiedene Farbstifte. Zeichne ein Viereck mit 15 Kästchen auf. In die vier Ecken zeichne die Boxen, jeweils sieben Kästchen auf einer Seite. Zeichne den Parcours und den Reitstall in der Mitte (das bunte Kästchen) und male die Farben ein. In jede Box zeichne ein Pferd der jeweiligen Farbe. Suche dir Pferdebilder als Vorlagen!

Box   Start   Stall

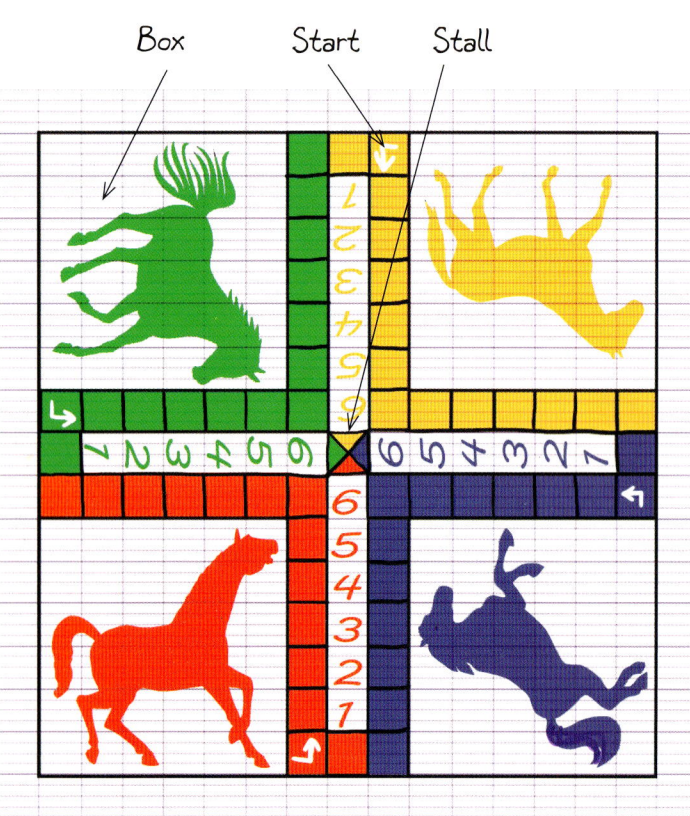

Deine Spielsteine!

Die Kästchen von deinem neuen Spiel sind nicht groß, du musst dir also kleine Spielsteine suchen. Hier ein paar Vorschläge:

Kleine bunte Knöpfe in verschiedenen Formen

Kleine Bälle aus Knete

Schokolinsen in verschiedenen Farben

Der Gewinner bekommt die Süßigkeit!

Die Spielregeln

Das Spiel wird so gespielt wie „Mensch ärgere dich nicht". Wer als Erster seine vier Pferde rund um das Spielfeld gebracht hat, gewinnt.

🎧 Zuerst setzt jeder seine vier Pferde in seine Ecke. Wer eine Sechs würfelt, beginnt. Er stellt sein Pferd auf das Kästchen mit dem Pfeil, würfelt noch mal und rückt im Uhrzeigersinn um die Würfelzahl weiter vor. Bei jeder Sechs kommt ein weiteres Pferd ins Spiel.

🎧 Die anderen Mitspieler machen es genauso. Wenn ein Pferd auf ein andersfarbiges trifft, muss dies zurück in seine Box.
Wer möchte, kann diese Regel festlegen: Zurückschicken ist Pflicht, also vor dem Ziehen gucken,

wo ein Pferd im Weg steht. Wer das übersieht, muss selbst zurück in den Stall. Hat ein Pferd die Runde absolviert, steht es vor seiner Treppe.

🎧 Dann muss es Schritt für Schritt bis zum Stall vorrücken. Dazu muss es die Zahl würfeln, die auf der nächsten Stufe steht.
Schließlich eine Sechs, um in den Stall zu kommen. Auf der Treppe darf immer nur ein Pferd auf einer Stufe stehen, Überholen ist verboten.

🎧 Wer als Erster seine vier Pferde im Stall hat, hat gewonnen.

Pferdefamilien sammeln

Trenne die Pferde-Karten vorsichtig auseinander, mische sie und verteile sieben Karten an jede Mitspielerin.

★ Die restlichen Karten kommen auf einen Stapel in der Mitte. Die Jüngste beginnt. Ziel ist es, die zusammengehörenden Pferdekarten zu sammeln. Man fragt also die rechts sitzende Mitspielerin nach einer fehlenden Karte.

★ Wenn sie die Karte hat, muss sie sie abgeben. Die Spielerin darf weitermachen.

★ Hat die Mitspielerin die Karte nicht, wird eine vom Stapel gezogen. Nun darf die rechte Nachbarin weitermachen.
Achtung! Wenn man nach einer Karte fragt, muss man mindestens eine Karte von dieser Pferdefamilie auf der Hand haben. Gewinner ist, wer am Schluss die meisten Familien komplett hat.

Meine
Pferde-Sammelkarten

Springen ist wie fliegen!

Über Hindernisse zu springen, ist für mich das Allertollste! Aber am Anfang haben Bisou und ich es erst lernen müssen.

Erst nur über Stangen

Um Pferd und Reiterin an das Springen heranzuführen, fängt man ganz niedrig an und legt drei Stangen auf den Reitplatz. Das Pferd lernt im Schritt, ohne zu zögern und zu stolpern über die Stangen zu treten. Und du lernst, im richtigen Moment den Po anzuheben! Kein Scherz! Stell dich in die Steigbügel, in den leichten Sitz.

Stangenabstand im Schritt: ca. 80 cm

Du musst den Oberkörper leicht vorbeugen.

Wenn du dein Pony auf eurem Reitplatz an farbige Hindernisse gewöhnst, wird es auch beim Turnier cool bleiben und über knallbunte Parcoursstangen springen.

Mein Tipp für dich!

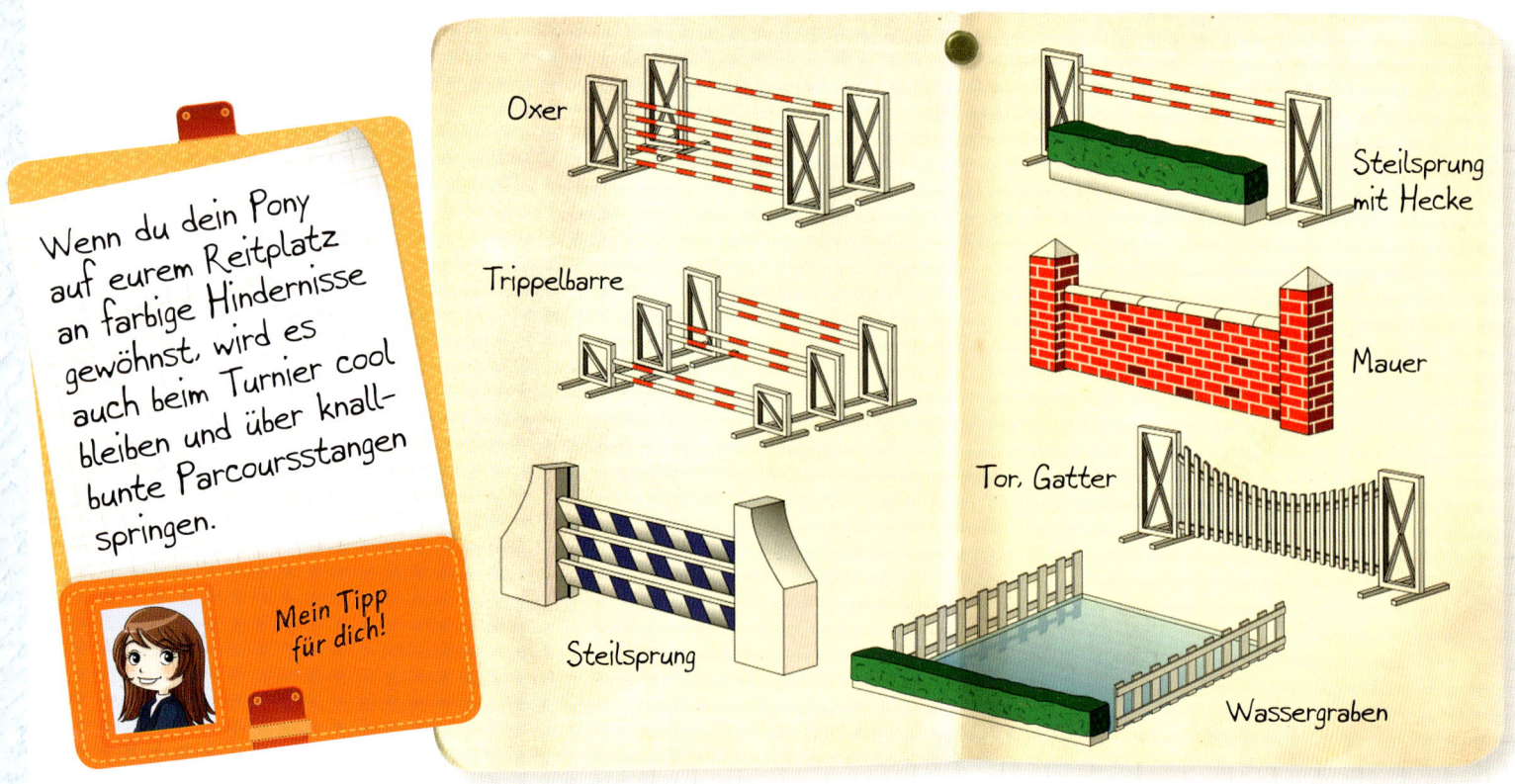

Oxer

Steilsprung mit Hecke

Trippelbarre

Mauer

Tor, Gatter

Steilsprung

Wassergraben

Immer höher

Nachdem ihr die Stangen im Schritt gut überwunden habt, vergrößere den Stangenabstand auf ca. 1,30 m und reite im Trab darüber. Du kannst die Stangen dann durch Cavaletti und später durch Hindernisse ersetzen, deren Höhe du verändern kannst. Dein Pferd gewöhnt sich so ans Springen ... und du auch!

Entspanne dich!

Die ersten Sprünge sind nicht ohne, denn auch wenn dein Pferd nicht hoch springt, denkst du kurz, du verlierst den Halt. Es ist ganz normal, wenn du zuerst ein bisschen aufgeregt bist. Begleite die Bewegung des Pferdehalses mit den Händen nach vorn.

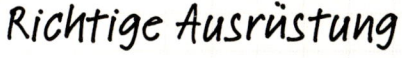

Richtige Ausrüstung

Ganz klar: Ohne Helm darf man nie springen! Zusätzliche Sicherheit bietet eine gut angepasste Schutzweste. Stürze lassen sich nie ganz vermeiden! Kontrolliere vor dem Springen den Sattelgurt und die Steigbügelriemen. Verkürze die Steigbügel für den Springsitz um mindestens zwei Löcher ... und los geht's!

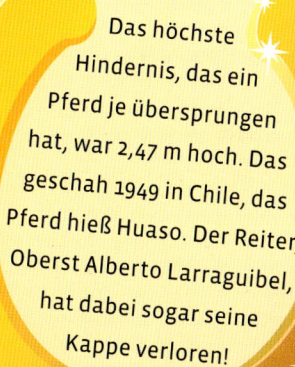

Das höchste Hindernis, das ein Pferd je übersprungen hat, war 2,47 m hoch. Das geschah 1949 in Chile, das Pferd hieß Huaso. Der Reiter, Oberst Alberto Larraguibel, hat dabei sogar seine Kappe verloren!

Mein schöner Wilder

Obwohl Bisou sehr lieb zu mir ist, darf ich doch nie vergessen, dass ein Pferd ein Wildtier ist. Das erklärt auch viele seiner Reaktionen.

Das Leben in einer Herde

Im Prinzip verhält sich jedes Pferd wie ein Wildpferd. Pferde sind ungern allein, sie sind Herdentiere und brauchen Gefährten. Pferde sind sehr soziale Wesen und bilden in der Gruppe eine Rangfolge aus. Sie folgen auch dem Menschen, der Sicherheit vermittelt. Du erkennst Leitpferde daran, dass sie als Erste fressen oder andere Pferde wegtreiben.

Eine kleine Ruhepause?

In einer Herde ruhen sich die Pferde nie alle gleichzeitig aus. Eins oder zwei bleiben stehen und halten Wache. Sie blockieren ihre Gelenke, um nicht umzufallen, wenn sie dösen oder schlafen! Wusstest du, dass ein Pferd nur ungefähr drei oder vier Stunden pro Tag schläft?

Sprichwort!

Welche Weisheit versteckt sich hier? Bringe die Buchstaben in die richtige Reihenfolge.

Nie terrei ehno drefp tis run ine schmen.

Antwort:
„Ein Reiter ohne Pferd ist nur ein Mensch."

Was wieherst du?

Auch wenn du deinem Pferd den ganzen Tag lang zuhörst, erwarte bloß nicht, dass es dir seine Lebensgeschichte erzählt. Pferde wiehern selten. Sie wollen nämlich keine Raubtiere anlocken. Wenn es aber unbedingt ein anderes Pferd begrüßen will, kann es sich im Umkreis von einem Kilometer Gehör verschaffen! Erkennst du, dass die Laute unterschiedlich sind – je nachdem, wie es gelaunt ist?

Panoramabild

Das Blickfeld eines Pferds ist sehr groß, weil seine Augen seitlich am Kopf liegen. Ein Pferd kann allerdings nicht sehen, was direkt hinter ihm ist. Deshalb sollte man sich ihm von vorn oder von der Seite nähern, um es nicht durch plötzliches Auftauchen zu erschrecken. Sprich es an, bevor du zu ihm gehst.

Ohrenspitzen

Ich nähere mich Bisou nicht gern, wenn er die Ohren angelegt hat. Dann ist er gereizt oder schlecht gelaunt. Wenn er gut drauf ist, sind seine Ohren aufgestellt. Dann erzähle ich ihm etwas. Wenn er die Ohren in alle Richtungen bewegt, ist er beunruhigt. Und wenn er sie aufrichtet und etwas nach vorn neigt, zeigt er seine Aufmerksamkeit.

Ich warne dich!

Was willst du von mir?

Hallo, ich bin dein Freund!

Wie geht's denn so?

Jeden Tag beim Putzen überprüfe ich Bisous Gesundheit. Ich erkenne schnell, wenn etwas nicht stimmt.

Auf den ersten Blick

Wenn Bisous Ohren aufgestellt und beweglich sind, seine Augen glänzen, sein Blick munter und die Nase trocken ist – dann ist alles in Ordnung. Wenn er aber die Ohren hängen lässt, seine Augen trübe sind und ihm eine grüne oder gelbe Flüssigkeit aus der Nase läuft, dann ist er krank.

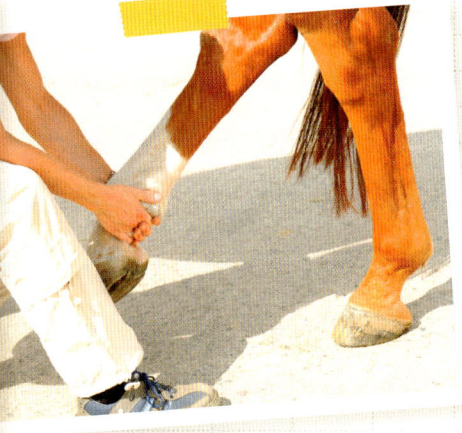

Bein-Check

Betaste die Beine deines Pferdes, bevor du aufsteigst. Sie müssen kühl sein. Wenn du eine deutlich warme Stelle oder eine ungewohnte Beule fühlst, sollte zweifellos der Tierarzt überprüfen, was los ist. Manchmal lahmt ein Pferd nicht gleich.

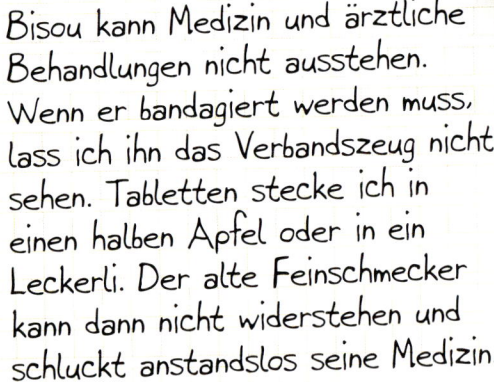

Bisou kann Medizin und ärztliche Behandlungen nicht ausstehen. Wenn er bandagiert werden muss, lass ich ihn das Verbandszeug nicht sehen. Tabletten stecke ich in einen halben Apfel oder in ein Leckerli. Der alte Feinschmecker kann dann nicht widerstehen und schluckt anstandslos seine Medizin.

Mein Tipp für dich!

Bauchschmerzen

Man erkennt Bauchweh bei Pferden daran, dass sie schwitzen, unruhig sind, sich oft wälzen oder zur Flanke schauen. Auch wenn die Pferdeäpfel seltsam aussehen und riechen, hol den Tierarzt. Lieber einmal zu oft, als eine Kolik zu riskieren!

Ein Pferd mit Bauchschmerzen kann sich nicht übergeben wie wir.

Wundversorgung

Eine kleine Wunde kann sich infizieren und sehr schlimm werden. Spüle die Wunde vorsichtig mit Wasser aus, das du mit einem antiseptischen Mittel vermischt hast. Ist die Wunde gesäubert, lege eine Kompresse darauf und verbinde sie mit einer Mullbinde. Ich habe schon einmal übungshalber Bisous Bein verbunden, als er sich gar nicht verletzt hatte.

Fieber messen!

Die Normaltemperatur von Pferden ist etwas höher als unsere Normaltemperatur, so um die 38° C. Es ist äußerst selten, dass Pferde Fieber bekommen, aber das kann bis 41° C steigen! Fieber wird im After des Pferdes gemessen. Nimm ein digitales Thermometer, führe es vorsichtig in den After ein und halte es so lange fest, bis es piept und das Ergebnis angezeigt wird.

Einen Verband anzulegen, erfordert etwas Übung.

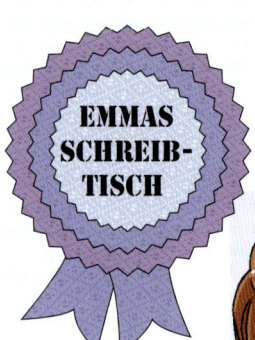

Gedichte, Gedichte!

Pferde haben schon berühmte Dichter inspiriert.
Ich versuche auch, Gedichte zu schreiben …

Vom Trinken

Sieh zu! Sieh zu!
Wie trinkt das Pferd?
Wie trinkt die Kuh?
Sie gießen das Wasser nicht in den Schlund
wie du.
Sie nehmen es erst ganz sachte,
ganz sachte,
sie nehmen es erst ganz sachte,
ganz vorn, ganz vorn in den Mund.
Da wird das kalte Wasser warm,
und schadet nicht dem Kragen
und schadet nicht dem Magen
und schadet nicht dem Darm.
Siehst du?

(Christian Morgenstern)

Weisheiten

Wer gegen Pferde (Tiere)
grausam ist, kann kein
guter Mensch sein.

(Arthur Schopenhauer)

Ein Pferd ohne Reiter ist
immer noch ein Pferd,
aber ein Reiter ohne Pferd
ist bloß noch ein Mensch/
Sattelschlepper.

Gebet eines Pferdes:
Oh Herrgott gib mir dann
und wann einen Reiter,
der was kann.

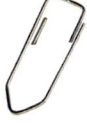

Pegasus

Es träumte einst ein Heldensohn
– der Grieche hieß Bellerophon –
von einem weißen Pferd mit Flügeln,
ganz ohne Sattel, Zügel, Bügeln,
und flog dann auf dem Sagenschimmel
ganz hoch hinauf zum blauen Himmel.

(Nina Schindler)

Das Pferd

Reiten ist Wille ins Weite,
ins Unendliche,
wenn deine Seele eins mit der
Kraft des Pferdes,
etwas anderes als die
Unendlichkeit vor sich sieht,
so begreift sie die Fülle der
Geheimnisse nicht.

(Rudolf Binding)

Platz für die Dichterin!

Ich will ein Gedicht über Bisou schreiben. Geht bestimmt ganz leicht, ich habe schon den Anfang: „Mein Pferd Bisou ist nett wie du!" Aber dann weiß ich nicht weiter. Vielleicht hilft es ja, wenn ich Reime suche. Man kann immer zwei Verszeilen auf den gleichen Reim enden lassen:

Mein Pferd Bis**ou**
ist nett wie d**u.**
Wenn ich es **seh**
springt mein Herz in die **Höh'**.

Nicht schlecht, was?
Die Reime können
aber auch eine Zeile
überspringen:

Oder eingerahmt:

Wenn mein Bis**ou**
sich nicht mehr **freut**,
vor etwas **scheut**,
raubt's mir die **Ruh**.

Mein Pferd Bis**ou**,
das ist nicht **neu**:
Trägt keine Sch**uh**
und frisst gern **Heu**.

Na gut, ich bin nicht Goethe oder Schiller, aber es ist ein Anfang. Für ein noch schöneres Gedicht muss man in jeder Verszeile gleich viele Hebungen (Silben) haben. Zum Beispiel:
Mein Pferd Bisou, (4 Hebungen)
das kommt im Nu. (4 Hebungen)

Mein schönes Pferd

Bisou ist bildschön, aber für den Turnierstart habe ich so meine kleinen Tricks, damit er noch besser aussieht.

Ab unter die Dusche!

Etwas Geduld!

Das Flechten der Mähne in viele Zöpfchen braucht seine Zeit. Du nimmst dafür eine Schere, einen Kamm und viele Gummis in der Farbe der Mähne. Spätestens zwei Tage vor dem Turnier solltest du Mähne und Schweif waschen, sonst sind die Haare zu glatt zum Flechten.

Verzierung auf dem Fell

Schneide eine Schablone (Herz oder Stern) aus Pappe aus. Bürste die Kruppe sorgfältig und lege dann die Schablone darauf. Jetzt bürste gegen den Strich! So „druckt" sich dein Motiv ins Fell. Du kannst es mit etwas Haarspray fixieren. Wenn dein Pferd das Sprühgeräusch nicht mag, tunke deine Bürste leicht in Zuckerwasser und streiche dann damit über die Schablone.

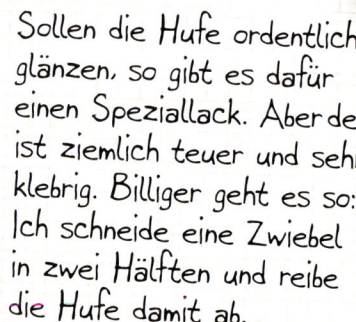

Sollen die Hufe ordentlich glänzen, so gibt es dafür einen Speziallack. Aber der ist ziemlich teuer und sehr klebrig. Billiger geht es so: Ich schneide eine Zwiebel in zwei Hälften und reibe die Hufe damit ab.

Mein Tipp für dich!

Vom Kopf ...

Du teilst die Mähne in 11 bis 13 gleich große Strähnen. Flechte jede Strähne zu einem Zopf und binde ihn am Ende mit einem Gummi fest. Dann rolle oder biege den Zopf, bis er einen kleinen Knoten bildet und fixiere ihn mit einem anderen Gummi. Vergiss nicht den Schopf!

Erster Schritt: die Zöpfe

Zweiter Schritt: die Knoten

... bis zum Schweif

Ein schöner Zopf hebt die Hinterhand deines Pferdes besser hervor. Nach dem Turnier musst du die Zöpfe wieder aufmachen, sonst brechen die Haare.

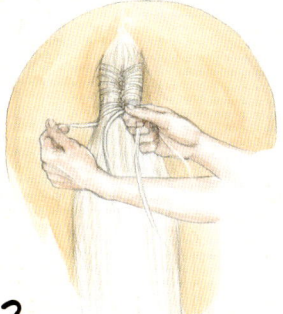

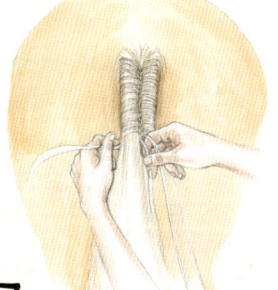

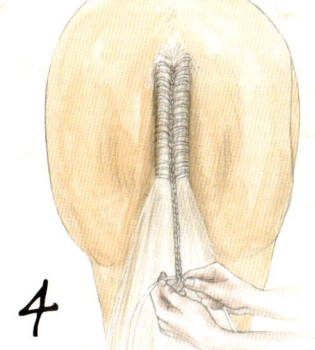

1
Verlese zuerst den Schweif. Dann beginnt das Flechten ...

2
... indem du jeweils eine Strähne von hinten hinzufügst.

3
Ziehe den Zopf gut fest.

4
Wenn du etwa 20 cm erreicht hast, dann flechte weiter, ohne neue Strähnen dazuzuholen. Fixiere den Zopf mit einem Gummiband.

Schön herausgeputzt!

Damit seine Söckchen schneeweiß werden, wasche ich die Beine mit Haarshampoo, spüle gut nach und lasse das Fell trocknen. Zum Schluss kommen die Bandagen.

Tipp!

Schneide aus einer alten durchsichtigen Strumpfhose Quadrate von 5 cm Seitenlänge. Bevor du die Knoten mit Gummiband umwickelst, lege ein solches Quadrat darum, das verhindert, dass sich der Knoten löst. Praktisch, wenn du dein Pferd am Abend vorher frisierst.

Pferd in Not!

Als Matthias heute zu Bisous Box kam, grinste er bis über beide Ohren. Er hatte einen Brief in der Hand.

„Was ist das?" Ich war neugierig.

„Neuigkeiten von Freddy."

„Echt?"

In dem Umschlag lagen nicht nur der Brief, sondern auch Fotos. Freddy sah darauf immer noch mager aus, aber er hatte deutlich zugenommen. Der Tierschutzverband teilte uns mit, dass es Freddy wieder so gut gehe, dass sie ihn an einen neuen Besitzer abgeben könnten.

Ich betrachtete das Foto noch einmal. Freddy sah überhaupt nicht mehr so aus wie damals. Jeden Morgen war ich auf meinem Schulweg an seiner Weide vorbeigekommen. Er war immer ganz allein und niemand schien sich um ihn zu kümmern. Ich fand, dass er jämmerlich aussah, und manchmal wagte ich gar nicht, hinzusehen. Dann sah ich ihn eines Morgens im nassen Gras liegen. Am Nachmittag lag er immer noch so da. Also erzählte ich Matthias von ihm und bat ihn mitzukommen. Es gab in der Nähe kein Haus. Die Weide war mit Stacheldraht eingezäunt.

„Stacheldraht für ein Pferd", knurrte Matthias. „Das ist ja kriminell! Da kann er sich verletzen."

Zwei Sekunden später waren wir auf der anderen Seite des Zauns. Das arme Tier röchelte, es war ein schrecklicher Anblick. An mehreren Stellen war ihm das Fell ausgefallen. Seine Hufe waren vernachlässigt und schlimme Wunden bedeckten seine Beine. Aber am erschreckendsten war, dass er so mager war.

„Dieses Pferd wird misshandelt", stellte Matthias fest. „Man darf ein Tier nicht einfach so im Stich lassen."

„Was können wir tun?", fragte ich.

„Wir werden ihm was zu trinken und zu fressen bringen. Dann suchen wir seine Besitzer."

„Und wenn sie nichts tun?"

„Dann wenden wir uns ans Kreisveterinäramt."

Kurze Zeit später hatte das Pferd reichlich frisches Heu, Hafer, Möhren und sauberes Wasser. Seine Tränke war so verdreckt, dass wir einen Eimer mitgebracht hatten. Dann machten wir uns auf die Suche nach den Besitzern. Überall in der Nachbarschaft klingelten wir.

„Wissen Sie, wem die Weide gehört?", fragte Matthias jedes Mal. Die Leute schüttelten verneinend den Kopf. Sie wussten nichts. Bis endlich eine Frau zugab, dass das Pferd ihr gehöre.

„Wissen Sie, dass Ihr Tier krank ist?", fragte Matthias. Die Frau zuckte mit den Schultern.

„Sie können es nicht länger so schlecht behandeln. Dann stirbt es." Wieder zuckte die Frau mit den Schultern. Hinter ihr tauchte ein Mann auf.

„Was ist los?", knurrte er.

„Sie kommen wegen Freddy", flüsterte die Frau ihm zu.

„Was wollt ihr denn?", raunzte er.

„Wir haben gesehen, dass er krank ist", erwiderte Matthias. „Wir machen uns Sorgen."

„Kümmert euch um euren eigenen Kram", polterte der Mann wütend.

„Wir werden uns an den Tierschutzbund wenden!", drohte Matthias.

„Na, dann mal los!" Der Mann lachte. „Wenn ihr nichts Besseres zu tun habt!"

Matthias machte auf dem Absatz kehrt. Im Verein rief er dann beim Kreisveterinäramt an, damit die sich um das Pferd kümmerten.

„Wir werden ja sehen!", brummte er. Wir mussten uns dann noch zwei lange Wochen gedulden, die uns ewig lang vorkamen. Freddys Gesundheitszustand war schlecht, trotz all dem Futter, das Matthias ihm brachte. Endlich wurde das arme Tier abgeholt. Als ich zusah, wie es mühevoll in den Transporter kletterte, hätte ich fast geheult.

„Wir werden ihn schon wieder auf die Beine bringen", versprach einer der Mitarbeiter. Seit heute weiß ich, dass er sein Versprechen gehalten hat. Ich freue mich, dass ich bei Freddys Rettung mithelfen konnte.

Mein eigenes Pferdebuch

In jeder Reitstunde lerne ich etwas Neues. Ich schreibe alles in ein Heft und lese oft und gern darin. Inzwischen steckt es voller Erinnerungen.

Mein Reitertagebuch

Meine Reitstunde

Mittwoch, den 23.4.

<u>Wetter</u>: Heute war es schön.
<u>Programm</u>: Morgens Ausritt mit Bisou,
dann habe ich mich für einen Voltigierkurs angemeldet.
<u>Theorie</u>: Stefanie hat uns die 4 Ponyklassen erklärt.

Pony A: bis 1,07 m

Pony B: bis 1,30 m

Pony C: bis 1,40 m

Pony D: bis 1,48 m

Guter Begleiter

Ich habe mir ein DIN-A4-Heft mit Spiralbindung gekauft, so kann ich auch etwas reinkleben.
Den Einband habe ich mit einem Foto von Bisou und mit Kartoffeldruck verziert ...

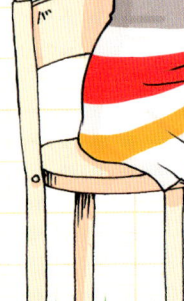

... Schneide eine Kartoffel in zwei Hälften und bitte einen Erwachsenen, dir beim Schnitzen eines Hufeisens zu helfen. Bemale den Stempel mit Farbe und schon kannst du damit drucken!

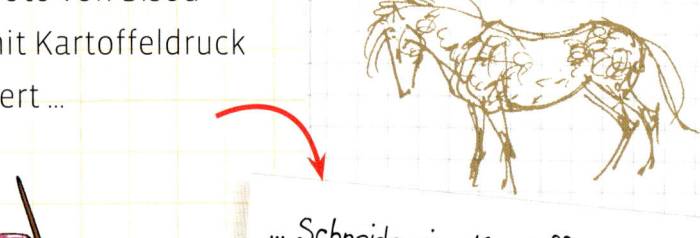

Eselsbrücke

Notiere in deinem Heft das Datum jeder Reitstunde, das Wetter und welches Pferd du geritten hast. Dann berichte, was du alles gelernt hast, die Übungen und die Tipps. Wenn du deine Reitprüfungen ablegen wirst, kann das sehr nützlich sein. Ergänze es mit Skizzen.

Kochrezept

Sehr witzig!

Tierarzt:
09 32 32 40 40

Für Emma und Bisou

Reitturnier
21/4/2012
5 €

Meine Lieblingssprichwörter:

🌸 Was man zwischen den Ohren des Pferdes einatmet, ist der Hauch vom Paradies.

🌸 Das Glück der Erde liegt auf dem Rücken der Pferde.

Alles und nichts!

Ich klebe in mein Heft alles ein, was ich über Pferde finde: eine witzige Postkarte, ausgeschnittene Fotos aus Zeitschriften, meine Turnier-Eintrittskarte, ein paar Haare von Bisou und meine Zeichnungen. Außerdem Sätze, Aussprüche oder Zitate, die mir gefallen, Kochrezepte, die Telefonnummer des Tierarztes. Es ist mehr als ein Heft – es ist mein Schatz!
Die letzten Seiten im Heft habe ich für meine Freundinnen reserviert, da dürfen sie mir etwas reinschreiben. Oder meine Reitlehrerin. Ich habe sogar ein Foto von dem Sieger beim letzten Springturnier ergattert – mit Widmung!

Ich habe die Silhouette eines Pferdes aus Fotokarton ausgeschnitten, eine Schnur daran befestigt und so ein Lesezeichen gebastelt.

Mein Tipp für dich!

Lesezeichen

Ab auf die Weide!

Bisou ist sehr gern auf der Weide, um zu grasen und nach Herzenslust herumzugaloppieren. Im Sommer lasse ich ihn deshalb immer so lange wie möglich draußen.

Niemals allein

Es heißt, ein Pferd brauche ungefähr einen Hektar Weide. Da kann es herumtollen und hat genug zu fressen. Aber Pferde brauchen auch Gesellschaft.

1 Pferd = 1 Hektar, 2 Pferde = 2 Hektar u.s.w.

Und was tun, wenn der Platz beschränkt ist? Einen Gefährten besorgen, der weniger frisst, z. B. eine Ziege. Die leistet dem Pferd Gesellschaft, braucht aber weniger Futter. Sollte man sich überlegen!

Kein Futterneid!

Bei den Pferden ist der Stärkste immer als Erster am Futter. Weil die anderen auch Hunger haben, kann es Streit geben. Besser, du verteilst das Futter auf mehrere Plätze.

Die perfekte Weide

Die ideale Weide sollte groß und solide eingezäunt sein (kein Stacheldraht, dein Pferd könnte sich daran verletzen). Es sollte eine Tränke geben und einen schattigen Unterstand. Du musst regelmäßig abäppeln und die Kübel oder Tränken mit frischem Wasser füllen.

Weil ich mir nicht länger die Stiefel nass machen will, wenn ich den Wassereimer trage, habe ich mir etwas einfallen lassen: Ich lasse das Wasser im Eimer in einen großen Müllbeutel laufen und binde ihn oben zu. Erst auf der Weide mache ich ihn wieder auf.

Mein Tipp für dich!

Giftige Pflanzen

Buchsbaum

Fingerhut

Jakobs-kreuzkraut

Farn

Schachtelhalm

Eibe

Gibt es in der Nähe Gärten, achte auf Sträucher mit immergrünen Blättern, denn diese sind oft giftig. Nur wenige Eibenblätter können ein Pferd in wenigen Stunden töten!

Winzlinge!

Es gibt für ein Fohlen nichts Schöneres, als seine ersten Monate mit seiner Mutter auf der Weide zu verbringen. Du kannst schon ein bisschen Kontakt zu ihm aufbauen: Kraule es am Hals, vorn zwischen den Beinen und am Schweifansatz.

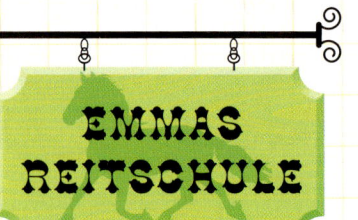

Endlich Ferien!

Zwei ganze Wochen mit Bisou! Wunderbar! Jedes Jahr fahre ich mit meinen Freunden in den Reiturlaub!

Den ganzen Tag lang reiten

Es gibt viele Reiterhöfe, auf denen du deine Leidenschaft für Pferde total ausleben kannst. Die Tagesprogramme, Kurse und Ausritte, alles dreht sich nur ums Pferd. Dann hast du auch Gelegenheit, Reitabzeichen abzulegen, zu voltigieren, bei Querfeldeinrennen oder beim Springreiten mitzumachen und deine Reitkünste zu verbessern. Außerdem lernst du jede Menge neue Leute kennen.

Ich packe meinen Koffer

Handtücher, Waschbeutel mit Shampoo und Duschgel

Schlafsack zum drinnen oder draußen Schlafen!

Emma

T-Shirts, Socken, Hosen, Schuhe zum Wechseln ...

Reitkleidung

Hausschuhe, Bücher, Heft, Kamera, MP3-Player

Anorak und Schirmmütze

Warme Kleidung

Ich finde es peinlich, wenn ich rot werde. Aber weil ich ein bisschen schüchtern bin, passiert es. Doch jetzt weiß ich was! Ich atme durch den leicht geöffneten Mund und hebe die Zunge an. Das klappt ganz gut. Verrückt, was?

Mein Tipp für dich!

Im Team

Damit es in den Reiterferien gut klappt, musst du dich an die bestehenden Regeln halten. Du hast zwar Ferien, aber du kannst nicht einfach machen, was du willst. Wenn du Stalldienst hast, dann drück dich nicht. Wenn man aufregende und tolle Dinge tun will, muss man auch einiges tun, das einem vielleicht nicht so gut gefällt.

Ich, schüchtern? Niemals!

Es ist nicht leicht, auf andere zuzugehen. Wenn du zu schüchtern bist, um andere anzusprechen, dann denk einfach daran, dass es denen genauso geht. Das macht Mut. Oder spiel mit dem Hund des Hauses oder tätschle ein Pferd in deiner Nähe. Dann fühlst du dich weniger allein. Und falls jemand auf dieselbe Idee kommt, dann schließt ihr schnell Bekanntschaft. Du kannst auch mit einer Freundin auf den Reiterhof fahren, dann hast du immer jemanden zum Reden.

Ich heiße Emma und du?

Das etwas andere Turnier

Ich war sauer! Morgen wäre das Springturnier und ich konnte nicht mitmachen. Dabei war ich bestens vorbereitet! Sogar super vorbereitet! Bisou und ich hatten seit Wochen trainiert. Noch nie war er so fit. Aber ich hatte mir bei einem Sturz den Knöchel verstaucht. Ich war in der Schule über eine Treppenstufe gestolpert und der Länge nach hingeknallt. Megapeinlich!

Heute hätte ich die letzten Vorbereitungen fürs Turnier erledigen müssen. „Aber daraus wird nix", flüsterte ich Bisou ins Ohr. Ich hätte heulen können.

„Das ist ungerecht!", schrie jemand in einer Box weiter vorn.

„Beruhige dich, Sonja!"

Das war Stefanie, unsere Chefin. Ich spitzte die Ohren. Sonja ist auch Mitglied im Verein und meine Hauptrivalin. Eine echte Stinkmorchel, die damit angibt, dass sie mehr Pokale gewonnen hat als ich.

„Das ist ungerecht!", sagte sie wieder.

„Ich weiß, aber wir müssen dein Pferd schonen."

„Aber dann kann ich beim Turnier nicht mitmachen!", schrie Sonja wütend.

Ich musste grinsen. Na, so was! Da war ich also nicht die Einzige, die beim Turnier nicht mitmachen konnte. Der Gedanke, dass es Sonja auch traf, tröstete mich ein bisschen. Als Stefanie an Bisous Box vorbeiging, fragte ich: „Was ist denn passiert?"

„Sonjas Pferd hat Husten." Stefanie seufzte. „Es kann nicht teilnehmen. Mit dir sind es dann schon zwei Starterinnen weniger. Was für ein Pech!"

Arme Stefanie! Dieses Turnier war für sie eine Gelegenheit, unseren Verein bekannter zu machen.

Ich beobachtete, dass Sonja Matthias dabei zuschaute, wie er ihr Pferd in eine abgelegene Box führte, damit es kein anderes ansteckte. Sie hatte die Arme vor der Brust verschränkt und gab sich große Mühe, nicht loszuheulen.

Ein kurzes Wiehern und ich wandte mich wieder einem unruhig tänzelnden Bisou zu. Er brauchte Bewegung.

„Ich kann dir nicht viel bieten", sagte ich entschuldigend zu ihm. „Höchstens einen Spaziergang am Führstrick."

Ich klinkte den Strick am Halfter ein und führte Bisou aus der Box. Nach ein paar Schritten blieb ich vor Sonja stehen.

„Hi! Dein Pferd ist krank?"

„Lass mich in Ruhe!", zischte sie.

Ich schluckte, sah Bisou kurz an und überwand mich.

„Ich kann auch nicht mit-
machen. Ich habe mir den
Knöchel verstaucht."
Sonja schaute stumm auf
die Erde.
„Bisou ist aber gut in Form.
Ich bin echt sauer. Die ganze
Arbeit umsonst."
Sonja seufzte. Sie wusste genau,
was das bedeutete.
„Na ja, da habe ich gedacht ... viel-
leicht könntest du mit Bisou
beim Turnier mitmachen?"
Sonja sah mich mit weit aufge-
rissenen Augen an.
„Bisou reiten?", fragte sie ungläubig.
„Wenn du mir versprichst, dass du ihm nichts
Schlimmes über mich erzählst!", sagte ich,
um die Stimmung zu lockern.
„Oh, Emma! Das ist aber echt nett von dir!"
Sie strahlte.
„Also, einverstanden?" Auf einmal war ich
ganz aufgeregt. „Dann los! Bisou muss dich
doch noch kennenlernen."
Sonja lächelte. Wir arbeiteten den
ganzen Tag mit Bisou und ich ver-
riet ihr alle meine Tricks. Zum
ersten Mal war sie weder hoch-
näsig noch eingebildet. Wer
hätte das gedacht? Und außerdem konnte sie die tollsten Mähnenzöpfchen flech-
ten!

Der große Tag! Ich saß auf einer Bank neben dem Reitplatz
und beobachtete Sonja und Bisou. Sie sahen beide super aus.
Sonja konzentrierte sich kurz und
trieb dann Bisou zum Galopp an. Die
Zeit lief. Es ging los. Wunderbar!

Zum ersten Mal sah ich mein
Pferd springen und wollte vor
Stolz platzen. Es war unglaublich. Ich meinte, Bisou flöge über
die Hindernisse, und ich musste
zugeben, dass Sonja ihn perfekt
ritt. Ein Hindernis nach dem
anderen, sie blieben beinahe
fehlerfrei, rissen nur zwei
kleine Stangen. Das Ergebnis war eindeutig.
„Der erste Platz geht an
Sonja Berger auf Bisou",
verkündete der Lautsprecher.
Ich klatschte begeistert Beifall. Sonja und
ich machten ab, dass uns beiden der Sieg
gehöre. Und Bisou verdiente natürlich als
Champion eine ganz besondere Streichelein-
heit!

Mein Geburtstagsfest!

Heute Nachmittag feiere ich mit vier Freundinnen meinen Geburtstag. Meine Party hat ein einziges Motto: Pferde!

Das Menü

Was für ein Genuss!

Schneide eine Pferdefigur aus und lege sie auf den Kuchen. Dann bestäube den Kuchen mit Puderzucker und nimm das Papier wieder weg.

Möhrenkuchen

Möhren schmecken nicht nur Pferden. Hier findest du ein Rezept.

Zutaten

- 200 g Biomöhren
- 150 g gemahlene Mandeln
- 4 Eigelb, 4 Eiweiß
- 50 ml Wasser
- 150 g Honig oder Zucker
- 150 g Weizenmehl
- 1 TL Backpulver
- Puderzucker zum Verzieren

Möhren fein reiben. Eigelb mit Honig/Zucker schaumig schlagen. Mehl, Backpulver, Möhren und Mandeln dazugeben. Eiweiß zu Schnee schlagen und vorsichtig unter den Teig heben. Springform einfetten, Teig einfüllen, ab in den Ofen.

Backzeit 45 Minuten, Gas Stufe 2–3, Strom 180°C

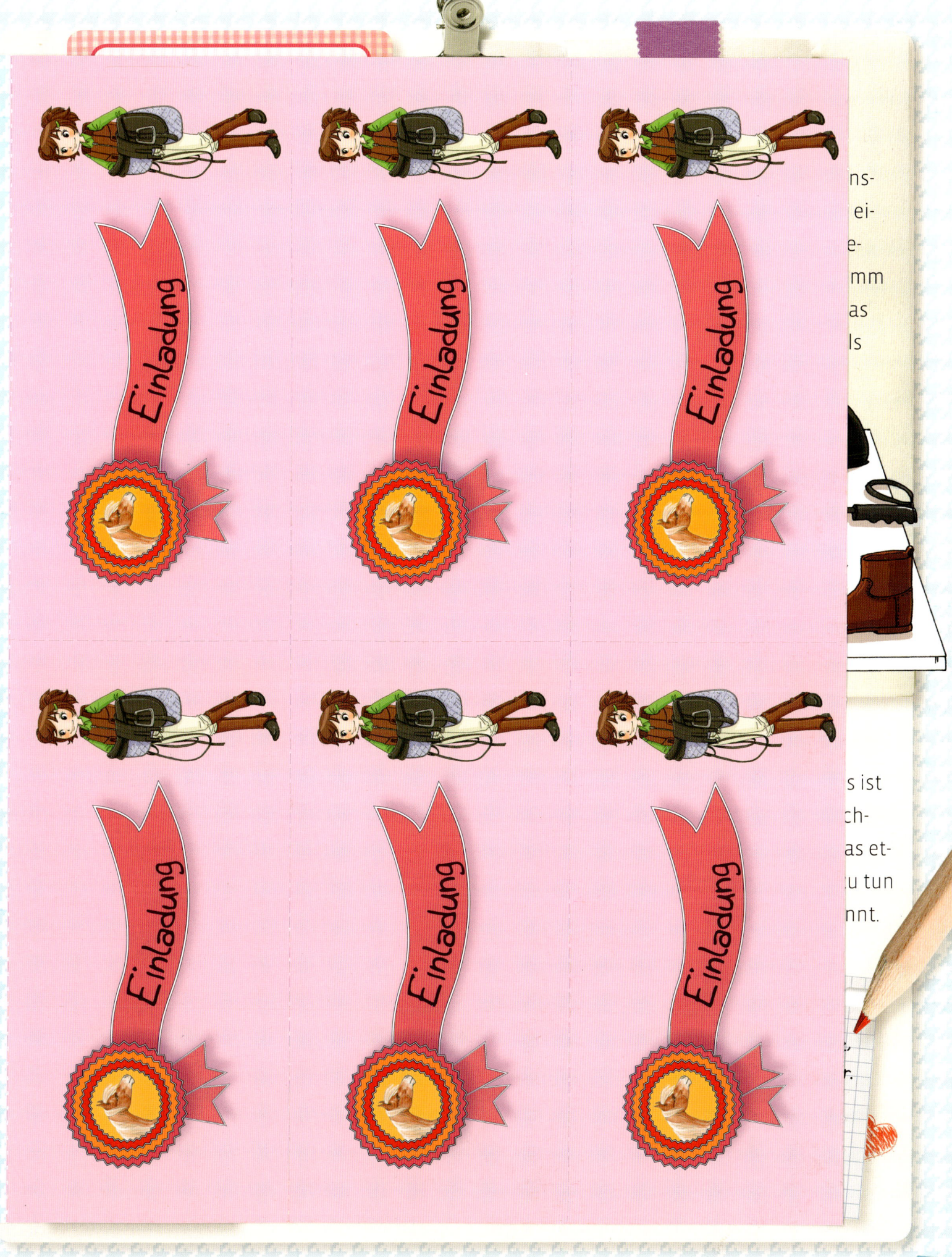

Auf Wanderschaft mit Pferden

Morgen mache ich bei einem zweitägigen Wanderritt mit. Bisou und ich sind fit. Was wir wohl alles erleben werden?

Gute Vorbereitung

Bei einem Wanderritt ist manches anders als sonst, deshalb solltest du Scheutraining machen, z. B. das Auflegen des Sattels mit allem Gepäck üben. Auch eine Wasserflasche, die am Sattel hängt. oder das Knistern einer aufgefalteten Karte sind neu für dein Pferd und könnten es erschrecken. Ganz zu schweigen von Motorenlärm.

Minigepäck

Lade deinem Pferd nichts Überflüssiges auf. Du solltest Wäsche zum Wechseln und Regenkleidung mitnehmen, Schlafsack und etwas Proviant. Pack alles in die Satteltaschen, die am Sattel befestigt werden. Nimm keinen Rucksack mit. Kontrolliere, ob du Hufkratzer, Wasserflasche, Karte, Medikamente, Messer, Schnur und Handy dabeihast.

Durst!

Es ist heiß, alle schwitzen – auch dein Pferd. Ein Tipp:
Auf Friedhöfen findest du immer einen Wasserhahn.
Wenn du keinen Eimer mitnehmen willst, kannst du
dir mit einer dicken Plastiktüte behelfen ... aber
einer ohne Loch. Wenn ihr rastet, fülle sie zur Hälfte
und lass dein Pferd daraus trinken.

Plane für einen Tagesritt
genügend Pausen ein. Vor
allem in der Mittagshitze
solltet ihr eine längere
Rast vorsehen und
Schatten suchen.

Mein Tipp
für dich!

Hiergeblieben!

Bei einer Rast musst du dein Pferd sicher am Halfter anbinden.
Der Pferdeknoten lässt sich mit einem Ruck lösen.
Wie er geknotet wird, siehst du unten in den Zeichnungen.

Zum Losmachen
hier ziehen!

Für deinen ersten Wander-
ritt suche dir ein Pferd aus,
das an lange Ausritte ge-
wöhnt ist. So vermeidest du
böse Überraschungen. Über-
lasse die jungen, unerfahre-
nen Pferde den erfahrenen
Reitern. Weniger erfahrene
Pferde sollten im Straßen-
verkehr rechts neben einem
ruhigen Pferd gehen. Es
schirmt so das unsichere
Pferd etwas vom Verkehr ab.

Berufe für Pferdefreunde

Bald werde ich ein Berufspraktikum machen und habe mir bereits eine Stelle im Verein organisiert.

Ungeahnte Berufsmöglichkeiten

Tierärztin, Reitlehrerin, Leiterin eines Reitstalls, Pferdezahnärztin, Jockey, Pferdewirtin, Pferdepflegerin, Hufschmiedin, Züchterin ... Bei so vielen Berufen rund um Pferde wird einem fast schwindlig! Aber auch in vielen anderen Berufen kann man sich auf Pferde spezialisieren. Wenn ich Journalistin werde, kann ich für eine Pferdezeitschrift schreiben ...

Reitunterricht

Die Reitlehrerinnen im Verein müssen nicht nur Pferde lieben, sie müssen auch mit den Reiterinnen klarkommen. Sie sollten also ganz gelassen und geduldig sein. In der Regel macht man eine dreijährige Lehre. Voraussetzung sind mehrjährige Reiterfahrung, Turnierteilnahme und -erfolge.

> Hallo, Bisou, erzähl mir doch mal was über deinen Reitverein!

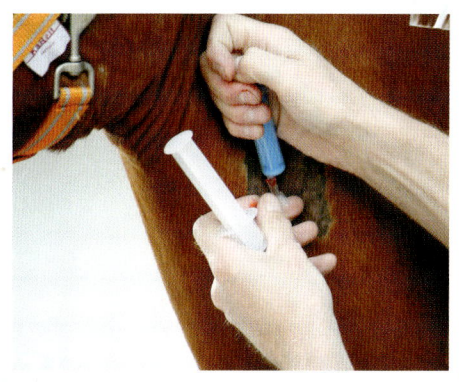

Pferde-Doktor

Das Tierarztstudium dauert lang, (ca. sechs Jahre) und nur wenige Studentinnen spezialisieren sich währenddessen auf Pferde. Die Tierheilpraktikerin durchläuft eine Ausbildung, die zwei Jahre dauert. Zarte Seelchen sollten sich das aber gut überlegen, denn es ist hart, ein Tier leiden zu sehen.

Ganz brav!

Als Pferdeflüsterer bezeichnet man Menschen, die besonders gut mit Pferden umgehen können und dazu spezielle Kommunikationsmethoden verwenden. Um das Verhalten und die Körpersprache der Pferde verstehen zu können, braucht man eine gute Beobachtungsgabe und viel Einfühlungsvermögen.

Vertraue mir!

Zucht und Haltung

Die Pferdewirtin mit Schwerpunkt Zucht und Haltung hat von morgens bis abends mit Pferden zu tun: In Gestüten, auf Reiterhöfen, in Reitsportvereinen oder Rennställen. Sie kümmert sich um den Zustand der Pferde und überwacht die Fütterung. Die Ausbildungszeit beträgt in der Regel drei Jahre. Die Ausbildung zur Hufschmiedin dauert ebenso lange und beinhaltet ein zweijähriges Praktikum.

Witzig!

„Ich habe ein sehr höfliches Pferd!", erzählt der Springreiter stolz. „Immer wenn wir an ein Hindernis kommen, stoppt es und lässt mich zuerst hinüber."

Reitabzeichen

Bald mache ich die Prüfung für mein erstes Reitabzeichen. Ich höre gar nicht zu, wenn andere von ihren Prüfungen erzählen. Sie behaupten immer, es sei wahnsinnig schwer gewesen!

Reitabzeichen Klasse 10 bis 1

Die Reitabzeichen werden von der Deutschen Reiterlichen Vereinigung e.V. (FN) abgenommen. Seit 2014 gibt es die Reitabzeichen der Klasse 10 bis 1, wobei 10 das erste und 1 das höchste Abzeichen ist. Die Prüfungen bestehen aus mehreren Teilaufgaben und sind für alles Altersklassen offen. Pflicht ist ein vorbereitender Lehrgang. Es gibt auch Abzeichen für Voltigieren und Fahren.

Bloß keine Panik!

Eine Prüfung ist immer aufregend, aber du kannst darauf vertrauen, dass du sie bestehst. Du hast ja bisher die Aufgaben in den Reitstunden gut bewältigt und deine Reitlehrerin findet, dass du und dein Pferd es schaffen könnt. Meine Tipps, um das Lampenfieber zu mildern:

- Ich lerne die Fragen und Antworten auswendig.
- Am Abend davor versuche ich, mich abzulenken.
- Ich gehe früh ins Bett.
- Ich frühstücke gut, damit ich nicht mit leerem Magen reite.
- Ich bin rechtzeitig da. Zuspätkommen verursacht Stress.
- Ich atme tief ein und aus, um mich zu beruhigen.

Oomm, ich bin ganz entspannt ...

Die Prüfung

Am Prüfungstag stehen je nach Klasse bis zu fünf Teilaufgaben auf dem Programm: 1. Reiten auf dem Viereck in der Abteilung (Grundgangarten, Bahnfiguren), 2. Grundwissen über Pferde, Haltung, Fütterung, Pflege, Verhalten, Ausrüstung, Tierschutz, Unfallverhütung, 3. Bodenarbeit (Führen des Pferdes), 4. Reiten im Gelände (je nach

Weißt du, wofür du Striegel, Hufkratzer, Kardätsche benutzt?

Möglichkeit) und 5. Springen. Du erfährst in dem vorbereitenden Lehrgang genau, wie die Prüfung ablaufen wird, sodass du bestens vorbereitet bist. Bei der Abzeichenprüfung im Voltigieren musst du das Mitlaufen im Trab und Galopp, den Aufsprung, einige Figuren und den Absprung zeigen. Dazu gehört auch das Grundwissen über Pferde wie beim Reitabzeichen.

Das Pferdeskelett

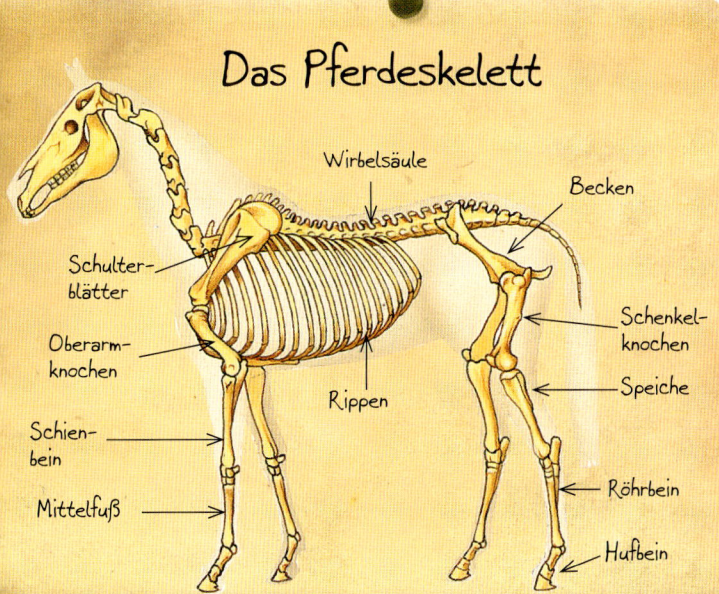

Wirbelsäule
Becken
Schulterblätter
Oberarmknochen
Schenkelknochen
Rippen
Speiche
Schienbein
Röhrbein
Mittelfuß
Hufbein

Test !

Beantworte folgende Fragen:

1 Mein Pferd ist hellbraun mit einer schwarzen Mähne, es ist ein?
Falbe / Brauner / Fuchs

2 Von welcher Seite steige ich auf das Pferd?
von hinten / von links / von rechts

3 Wie viele Gangarten hat das Pferd?
2 / 3 / 4

4 Wie entfernt man groben Schmutz aus dem Pferdefell?
Mit dem Striegel / einer Handvoll Heu / einem Staubtuch

5 Wo wird die Größe des Pferdes gemessen?
Am Kopf / Am Widerrist / An der Kruppe

1 Brauner 2 Von links 3 Drei 4 Striegel 5 Widerrist

Pferde Quiz

Das Pferd in der Schule!

Wir sollen im Unterricht ein Referat über unser Hobby halten.
Ich möchte über Pferde sprechen, was sonst?

Wie man ein Pferd putzt

Üben!

Kennst du Zungenbrecher? Das sind
witzige Sätze, die dir helfen, deine
Aussprache zu verbessern.

🐎 Pferde mampfen dampfend Äpfel.

🐎 Der Potsdamer Postkutscher
putzt den Potsdamer Postkutschenkasten.

🐎 Bürsten mit weißen Borsten bürsten
besser als Bürsten mit schwarzen Borsten.

Du hast die Wahl

Über Pferde gibt es unendlich viel zu sagen. Deshalb sollte man sich ein Thema suchen und es vertiefen. Das hängt
natürlich von dem jeweiligen Fach ab. Na, was nimmst
du? Die Geschichte des Pferdes? Die Biologie? Das Pferd in
der Kunst?

Das Pferd in der Bildhauerei

Sechs wichtige Punkte

Ein gutes Referat weckt das Interesse deiner Zuhörer, alle lauschen dir. Ich verrate dir sechs Tricks:

Fasse dich kurz!

Bloß keine langatmigen Schachtelsätze! Zehn Minuten sind okay. Miss die Zeit vorher mit der Stoppuhr.

Notiere dir Stichworte!

Folge deiner Themenliste. Sonst verlierst du den roten Faden und niemand kann dir mehr folgen.

Halte das Thema einfach!

Du kennst dich mit Pferden aus, aber deine Zuhörer nicht. Rede in einfachen Sätzen und erkläre unbekannte Wörter (Trense, Striegel, Stange ...)

Zeige Bilder!

Fotos bereichern ein Referat, aber sie sollten groß genug sein, dass alle sie sehen können. Kleine und unscharfe Fotos besser weglassen.

Sei witzig!

Such nach witzigen Anekdoten oder nach erstaunlichen Rekorden. Das bringt dir mehr Aufmerksamkeit.

Ich spreche heute über ...

Laut und deutlich!

Bemühe dich, laut und deutlich zu sprechen, damit dich alle verstehen können.

Interaktiv

Du kannst deine Zuhörer mit allen Sinnen begeistern. Nimm Pferdgeräusche auf und spiele sie vor. Du kannst auch einen Pferdehaarzopf durch die Reihen geben ...

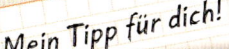

Mein Tipp für dich!

Lies deinen Text vorher laut vor, damit du merkst, welche Sätze zu lang sind und wo deine Zunge ins Stolpern gerät. Schreibe sie um, damit du dich bei deinem Vortrag sicher fühlst.

Reiten im Straßenverkehr

Beim Reiten im Gelände und im Verkehr gibt es Regeln, die du unbedingt lernen und einhalten musst.

Absolutes Reitverbot!

Wusstest du, dass du in einer Großstadt nur reiten darfst, wenn du zur berittenen Polizei gehörst? Auch auf vierspurigen Straßen und Autobahnen ist es verboten. Du darfst nicht über Spielplätze reiten oder während der Ferienzeit am Strand. Das geht nur im Winter! Die großen Staatswälder sind ebenfalls für Pferde verboten. Nur in manchen ist es gestattet, auf den Hauptwegen zu reiten.

Ich biege nach links ab!

Auto auf vier Hufen!

Als Reiterin musst du die Straßenverkehrsordnung beachten, so als ob du Autofahren würdest! Du musst dich also rechts halten und dich nach den Verkehrsschildern richten. (Stopp, Einbahnstraße, Bahnübergang usw.). Da dein Pferd keinen Blinker hat, musst du mit dem Arm die entsprechende Seite anzeigen. Winke mit dem Arm mehrmals auf und ab, damit die Autos hinter dir abbremsen. Und vergiss nicht, dich bei ihnen zu bedanken!

Reitweg

Querfeldein

Auf Wanderritten kann es sein, dass du an Feldern oder Weiden entlangreiten musst. Du brauchst dazu die Erlaubnis des Bauern. Ist er einverstanden, bleib immer am Feldrand, damit keine Pflanzen zertreten oder das Vieh erschreckt werden. Schließe immer die Gatter hinter dir, die du geöffnet hast.

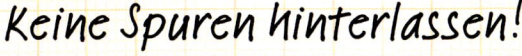

Keine Spuren hinterlassen!

Bei Ausritten nehme ich einen Müllbeutel mit. Ich möchte nach einem Picknick oder einer Übernachtung alles immer sauber hinterlassen. Nichts ist scheußlicher als alte Chipstüten und Plastikflaschen im Gebüsch. Igitt!

Achtung!

- Reite nur mit einem erfahrenen, sicheren Pferd ins Gelände.
- Trage Helm, Handschuhe und eventuell eine Sicherheitsweste.
- Kontrolliere vor dem Ausritt die Ausrüstung.
- Hinterlasse vor dem Ausritt, wohin ihr reitet und wann ihr zurück sein wollt.
- Eine Reiterin sollte ein Mobiltelefon dabeihaben.
- Reite im Gelände besser in einer Gruppe.
- Sechs bis zwölf Reiter können einen Verband bilden und zu zweit nebeneinandergehen.
- An Fußgängern reitet ihr im Schritt vorbei. Grüßt sie freundlich und seid hilfsbereit.
- Passt das Reittempo dem Gelände und dem Zustand der Wege an.
- In der Dämmerung und bei Dunkelheit müssen Reiter Licht mitführen.
- Mach dich mit Erste-Hilfe-Maßnahmen vertraut.

Ende des Reitwegs	Durchgang verboten	Stopp	Bahnübergang	Vorsicht Reiter!

Mein eigenes Pferd!

Ich träume von einem eigenen Pferd! Leider ist das momentan un-möglich. Also kümmere ich mich umso mehr um Bisou ...

Pro und Kontra!

Als ich meinen Eltern von meinem gro-ßen Wunsch erzählt habe, machten sie mit mir einen kleinen Test. Ich sollte die Vor-teile und die Nachteile auflisten. Natürlich habe ich fast nur Positives gefunden. Dann hat mein Vater meine Liste vervollständigt.

⊕	⊖
• Ein Pferd für mich allein	• Monatliche Kosten für Box, Futter, Pflege im Reitstall.
• Reiten, wann immer ich will	• Hufschmied, Tier- und Zahnarzt
• Jeden Tag beim Pferd sein	• Tag für Tag zum Pferd fahren
• Einen Freund haben	• Zuverlässige Reitbeteiligung finden
• Das Pferd hat es gut bei mir	• Pferdepflege und Schul-arbeiten täglich abstimmen
• Ich kann viel trainieren	• In den Ferien nicht vereisen können (oder jemanden Vertrauens-würdigen finden, der sich gut um das Pferd kümmert)
	• Wenn ich krank bin, muss jemand anderes einspringen
	• Wenn das Pferd krank wird, muss es sorgsam gepflegt werden
	• Ich kann dann nicht reiten, ich muss es schonen

1886 erhielt ein englisches Vollblut den Namen Neurasthenenippos-kelesterizo! Das ist der längste Name, den je ein Pferd bekom-men hat. Ziemlich schwierig, sein Pferd so zu rufen!

Ich könnte mein Pferd ja auch günstiger auf einer Weide oder beim Bauern unterstellen, aber ich habe noch keinen Führerschein! Von Zuhause bis zum Stadtrand ist es sehr weit. Ich muss mich also noch gedulden ...

Goldfuchs	Grauschimmel	Falbe	Dunkelfuchs	Fuchs	Mausfalbe

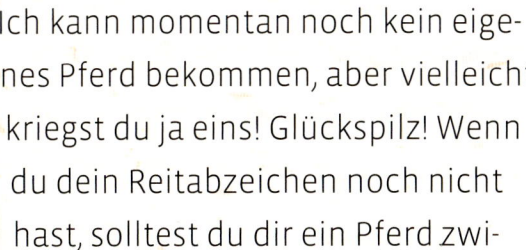

Die Qual der Wahl

Ich kann momentan noch kein eigenes Pferd bekommen, aber vielleicht kriegst du ja eins! Glückspilz! Wenn du dein Reitabzeichen noch nicht hast, solltest du dir ein Pferd zwischen sechs und acht Jahren suchen, das schon ausgebildet ist. Ein Fohlen ist süß, aber das Einreiten ist schwierig. Achte auch auf die Größe. Wenn du ein Pony kaufst, denk dran, dass du ja noch wachsen wirst!

Bei der Ankaufuntersuchung untersucht die Tierärztin das Pferd und bestätigt seinen guten Gesundheitszustand.

Rettungsaktion

Vereine vermitteln den Ankauf von Pferden, die für die Abdeckerei bestimmt sind. Manchmal wird auch ein Pferd zum Schlachthof geschickt, weil es spezielle Anforderungen nicht erfüllt. Informiere dich, oft sind solche Pferde in Ordnung. Nimm aber deine Eltern und deine Reitlehrerin mit, wenn du ein Pferd aussuchst, für den Kauf auch einen Tierarzt.

Wie soll es heißen?

Es gibt beinahe für jede Rasse und für jeden Zuchtverband unterschiedliche Regelungen, wie die Fohlen genannt werden sollen. Manche Verbände schreiben in bestimmten Jahren bestimmte Anfangsbuchstaben vor. Oder es gibt die Vorgabe, dass das Fohlen einen Namen mit dem Anfangsbuchstaben des Vaters oder der Mutter tragen muss. In der Liste findest du Vorschläge für Namen von Pferden oder Ponys.

Stute	Hengst	Wallach
Anna	Arthur	Andro
Bella	Blacky	Benny
Clarissa	Clemens	Clark
Daisy	Dante	David
Elisa	Elvis	Enzian
Flicka	Fritz	Farou
Goldi	Grande	Gerry
Hanna	Hans	Harry
Imme	Innovation	Ivo
Julie	Jack	Jolly
Kate	Kurt	Kasper
Lilly	Lorenz	Lucky
Mona	Monty	Matheo
Nelli	Nabucco	Nello
Olivia	Olko	Oscar
Prinzi	Pascal	Prego
etc. Sara	... Smarti	... Silas

Mit Pferden spielen

Manchmal lässt uns unsere Reitlehrerin während des Unterrichts spielen. Das ist total toll: Mounted Games!

Super! Wir machen Mounted Games!

Lernen mit Spaß

Mounted Games machen viel Spaß! Du verbesserst deine Gelenkigkeit, Schnelligkeit, deinen Gleichgewichtssinn und die Beziehung zum Pferd. Das ist doch ganz schön viel, oder? Mounted Games sind in den 1950er-Jahren in England aufgekommen und seit etwa 20 Jahren kennt man sie auch bei uns.

Bälle und Kegel

Man braucht jeweils zwei Tennisbälle und zwei Kegel. Die Reiterinnen stehen rechts und links der Kegel. Die erste Spielerin reitet mit dem Ball los und legt ihn auf den ersten Kegel, dann reitet sie zum zweiten und holt sich den Ball, der auf diesem Kegel liegt. Wenn der Ball runterfällt, muss die Reiterin absteigen und es noch mal probieren.

Luftballons

In die Mitte des Platzes werden Luftballons platziert. Die erste Spielerin versucht, mit einem langen Stock im Vorbeireiten einen Ballon zum Platzen zu bringen. Sie reitet zur zweiten Spielerin, die dasselbe versucht.

Die Socken

Man braucht vier Paar zusammengerollte Socken und eine Schüssel. Die erste Spielerin reitet mit dem Sockenball in der Hand los, wirft ihn in den Eimer und reitet zur Grundlinie. Sie steigt ab, nimmt sich einen neuen Sockenball und reitet zur nächsten Spielerin, gibt ihn ab und weiter gehts!

Slalom

Die Reiterinnen stehen vor einer Reihe von Pylonen, die im Abstand von 6 m aufgestellt sind. Die erste Spielerin reitet mit einem Stab in der Hand im Slalom durch die Slalomreihe und zurück. Dort gibt sie den Stab an die nächste Spielerin weiter, die nun startet.

Sackrennen

Reiterin 1 und 3 der Mannschaft befinden sich hinter der Startlinie, während Reiterin 2 und 4 hinter der Ziellinie stehen. Reiterin 1 galoppiert mit einem Sack in der Hand bis zur Ziellinie. Sie gibt den Sack Reiterin 2 und steigt ab. Jede Reiterin steckt ein Bein in den Sack und so hoppeln sie mit den Pferden am Zügel zur Startlinie zurück. Dort geben sie den Sack an Reiterin 3 weiter, die nun damit zu Reiterin 4 reitet.

1,2,3 – Gewonnen!
Mounted Games stärken den Kampfgeist. Sie werden mit zwei Mannschaften gespielt. Ziel ist es, immer als erste Mannschaft den Parcours zu absolvieren ... natürlich fehlerfrei!

Spaß beim Basteln!

Magst du „pferdischen" Zimmerschmuck? Hier sind Sachen aus dem Stall dabei, die du so recyceln kannst!

Hufeisen bringen Glück!

Gebrauchte Hufeisen kannst du vielseitig verwenden:

🧲 Als Briefbeschwerer für lose Blätter. Ganz einfach!

🧲 Als Bilderrahmen: Klebe ein Foto dahinter und hänge das Eisen an einer Schnur an die Wand.

🧲 Als Schmuckhalter: Alte Hufnägel in die Löcher stecken.

🧲 Als Untersetzer: Den kannst du deinen Eltern schenken.

Schmuckhalter

Bilderrahmen

Buchstützen

Du kannst zwei alte Steigbügel links und rechts neben Büchern aufstellen. Es dürfen aber nicht zu schwere oder zu viele Bücher sein!

Mein Talisman-Stift!

Schreib ein Sprichwort oder ein Zitat zum Thema Pferd auf einen 1,5 cm breiten Papierstreifen. Rolle den Streifen um einen Stift und klebe ihn mit transparenten Klebestreifen fest.

Bevor du Hufeisen oder Steigbügel zum Basteln verwenden kannst, musst du sie gründlich reinigen, am besten mit Schleifpapier oder einer Metallbürste. Pinsele sie dann mit Antirostlack oder Eisenfarbe an, die du passend zu deinen Zimmerfarben aussuchst.

Gedächtnisstütze

Befestige eine 50 cm lange Paketschnur mit Reißzwecken an deiner Wand. Klebe kleine Pferdefiguren auf Karton und schneide sie aus. Jede Figur kommt auf eine Wäscheklammer, die du an die Schnur klemmst. Du kannst deine Lieblingsfotos daran befestigen, aber auch deine Mitgliedskarte vom Reitverein. Praktisch und dekorativ!

Nicht vergessen!

Reitprüfung
Mittwoch, 8. Juni
Um 11 Uhr

Mähnenhaare
von Bisou ♥

Schnittkante

Öffnung

Faltlinien

Ein originelles Etui

1. Klebe auf die Vorder- und die Rückseite eines DIN-A4-Blatts selbst gezeichnete, ausgeschnittene oder ausgedruckte Pferdebilder.

2. Steck dieses Blatt in eine DIN-A4-Plastikhülle und klebe die Öffnung mit Klebeband zu. Schneide den seitlichen Lochstreifen ab. Falte die Tasche wie links zu sehen.

3. Klebe nun die kurzen Seiten mit Klebeband zusammen. Jetzt hast du eine einzigartige Tasche!

Das Hoffest

Heute ging es auf unserem Hof zu wie auf dem Jahrmarkt. Es war der letzte Tag vor den Ferien und wir feierten ein Fest. Alle halfen mit!

Tim und seine Mutter malten für das Dosenwerfen Konservendosen bunt an. Nora und Julia bereiteten Kuchen für das Buffet vor. Julia hatte Leckerli gebacken – ein Festschmaus für die Pferde! Matthias sägte Pferdeköpfe aus Brettern aus und nagelte sie an Stangen. Die Steckenpferdchen sahen klasse aus! Die Ponykinder durften sie hinterher mitnehmen.
Stefanie hatte Getränke, Servietten und Gläser besorgt. Amelie hatte Girlanden mit den Jüngeren gebastelt. Sie ließ sie auf den Ponys reiten, die sie im Kreis herumführte. Caro, Lea und Alice organisierten Mounted Games.
Aber Sonja und ich – wir sind inzwischen allerbeste Freundinnen – hatten tagelang geschuftet, bis wir unseren Stand fertighatten. Aber jetzt konnte es losgehen!

„Treten Sie näher! Treten Sie näher!", rief Sonja den Festbesuchern zu. „Versuchen Sie Ihr Glück am Glücksrad!" Hinter ihr drehte ich das Rad, das ihr Vater für uns gebastelt hatte. Der Pfeil sprang von einem Nagel zum nächsten. Als das Rad endlich anhielt, verkündete ich: „Sieben! Die Zahl Sieben hat gewonnen!"
„Einmal mitmachen für einen Euro, einen klitzekleinen Euro für die tollsten Gewinne", lockte Sonja.
Wir hatten unsere Sprüche eingeübt und einen Riesenspaß. Auf dem Tisch vor uns lagen unsere Gewinne: Schlüsselanhänger, Täschchen, Buchstützen, Postkarten, Notizhefte, Armbänder mit Glücksbringern, Bilderrahmen und was uns sonst noch eingefallen war. Stefanie hatte uns auch noch Süßigkeiten als Trostpreise gegeben. Deshalb bekam jeder Loskäufer ein kleines Geschenk. Die ersten Besucher kauften jetzt Lose. Ein kleines Mädchen nahm glücklich unsere Schachtel mit den aufgeklebten Pferdebildern mit. Ihr Bruder gewann einen Lolli. Unser Stand erwies sich bald als großer Erfolg. Alle drängten sich davor und versuchten ihr Glück. Sogar Matthias kam vorbei. Er zog eine Nummer und gewann ... eine Haarspange mit einem Pferdekopf aus Plastik!

Sonja und ich wechselten uns an unserem Stand ab, damit wir uns auch auf dem Fest umsehen und bei den Mounted Games mitmachen konnten. Meine Eltern kamen mit meinem kleinen Bruder Phil. Ich brachte ihn zu Amelie, die ihn eine Runde auf dem Pony reiten ließ. „Emma, schau mal!", rief er stolz, als er über ein kleines Hindernis ritt.

Sein Reithelm war ihm ein bisschen zu groß und wackelte auf dem Kopf. Phil war einfach süß! Dann gingen wir die Bilder bewundern, die den Stall schmückten. Alle Vereinsmitglieder hatten gemalt und die Besucher sollten abstimmen, welches Bild ihnen am besten gefiel.

Am Abend stieg Stefanie auf ein kleines Podest, um die Gewinner des Malwettbewerbs zu verkünden. „Der Sieger hat fast alle Stimmen bekommen." Sie strahlte. „Das Bild ist äußerst gelungen und ich bin hocherfreut, dass ich diesen Preis ... Tim übergeben kann!"

Donnernder Applaus ertönte. Ich sah, wie Tim sich die Ohren zuhielt und sich erschrocken umsah. Seine Mutter flüsterte ihm etwas zu, um ihn zu beruhigen, aber ohne Erfolg. Ich zögerte keine Sekunde! Ich lief zu Bisou, brachte ihn zu Tim und schon sah er entspannter aus.

Stefanie gab ein Zeichen, dass alle schweigen sollten. Dann ging Tim langsam mit Bisou am Zügel nach vorn, um seinen Preis entgegenzunehmen. Stefanie lächelte, beglückwünschte ihn und überreichte ihm den Preis: Ein dickes Buch über Pferde. Tim war begeistert. Er hatte den Preis wirklich verdient. Seine Zeichnung war toll: Ein Pferd galoppierte über einen Strand. Ein Fuchs mit heller Mähne.

Welcher Reitertyp bist du?

Beantworte die Testfragen, indem du  die passende Antwort ankreuzt. Du wirst sehen – manchmal gefallen dir mehrere Antworten!

1. Warum hast du mit dem Reiten angefangen?
a. Weil du bei einem Turnier warst.
b. Weil du Pferde so toll findest.
c. Eine Freundin hat dich in ihren Verein mitgenommen.

2. Ein Pferd ist für dich …
a. ein Freund.
b. ein toller Sportpartner.
c. das schönste Tier der Welt.

3. Was machst du am liebsten mit deinem Pferd?
a. Ausritte in den Wald
b. Putzen
c. Über Hindernisse springen

4. Hast du schon ein Abzeichen gemacht?
a. Ich habe schon das Abzeichen Klasse 10 gemacht.
b. Ich plane, die Prüfung bald zu machen.
c. Ich habe bereits das Abzeichen Klasse 7.

5. Wenn du deinem Pferd einen Namen geben müsstest, dann hieße es …
a. Fury.
b. Flicka.
c. Spirit.

6. Wie oft bist du im Stall?
a. Jede Woche in meiner Reitstunde
b. Wann immer es geht …
c. In den Ferien

7. In deinem Zimmer gibt es …
a. an allen Wänden Pferdeposter.
b. Pokale und Schleifen, die du gewonnen hast.
c. Fotos von deinen Reiter-Freundinnen.

8. Was machst du mit trockenen Brotresten?
a. Ich werfe sie weg: Eine Handvoll Heu ist gesünder.
b. Ich behalte sie als Leckerli für mein Pferd.
c. Ich werfe sie weg, weil mein Pferd sonst zu dick wird.

9. Wie siehst du dein Pferd am liebsten?
a. Mit bildschön geflochtener Mähne
b. Wenn es über die Weide galoppiert.
c. Wenn es den Kopf aus der Box streckt, um mich zu begrüßen.

10. Welche Eigenschaft ist dir bei einem Pferd am wichtigsten?
a. Seine Schönheit
b. Seine Schnelligkeit
c. Sein guter Charakter

Welche Antworten hast du gegeben? Zähle die Helme, Herzen und Hufeisen.

	1	2	3	4	5	6	7	8	9	10
a	Helm	Herz	Herz	Herz	Helm	Helm	Hufeisen	Hufeisen	Helm	Hufeisen
b	Hufeisen	Helm	Hufeisen	Hufeisen	Herz	Hufeisen	Helm	Herz	Hufeisen	Helm
c	Herz	Hufeisen	Helm	Helm	Hufeisen	Herz	Herz	Helm	Herz	Herz

Du hast hauptsächlich Hufeisen

Kaum einer liebt Pferde mehr als du. Du findest sie wunderschön, stark, intelligent ... Mit ihnen fühlst du dich eins mit der Natur. Wenn du dein Leben draußen mit Pferden verbringen könntest, würdest du keine Sekunde zögern. Wenn du reitest, ist es nicht in erster Linie wegen des Sports, sondern wegen der Freude, die du dabei empfindest.

Du hast hauptsächlich Helme

Du liebst Wettbewerbe und Vorführungen mit deinem Pferd. Das Reiten ist für dich eine Möglichkeit, deine Leistungen zu steigern und immer besser zu werden. Du reitest diszipliniert und bist ehrgeizig. Dennoch geht es dir nicht nur um Leistung. Du hast das Reiten dem Tennis oder dem Turnen vorgezogen, weil du Pferde liebst, ganz klar.

Die Deutsche Reiterliche Vereinigung hat mehr als 700.000 Mitglieder. Über eine Million Erwachsene reiten regelmäßig. Rechnet man Kinder und Jugendliche dazu, sind es mehr als 1,6 Millionen Menschen, die reiten. Stark!

Du hast hautpsächlich Herzen

Deine Freundinnen sind dir sehr wichtig. Du genießt das Zusammensein mit all denen, die du gernhast. Dazu gehören auch die Pferde. Am liebsten schmust du mit ihnen und flüsterst ihnen Geheimnisse ins Ohr. Und da das Reiten dich immer mit deinen Freundinnen zusammenbringt, bist du immer dabei!